南华期货研究所
南华基金金融及衍生品系列丛书

利率互换与利率风险管理创新

陈松男 ◎ 著

中国财经出版传媒集团
中国财政经济出版社
·北 京·

图书在版编目（CIP）数据

利率互换与利率风险管理创新 / 陈松男著. --北京：中国财政经济出版社，2024. 4

（南华期货研究所/南华基金金融及衍生品系列丛书）

ISBN 978-7-5223-2899-7

Ⅰ. ①利… Ⅱ. ①陈… Ⅲ. ①利率-研究②利息率-风险管理-研究 Ⅳ. ①F830. 48

中国国家版本馆 CIP 数据核字（2024）第 047847 号

责任编辑：贾延平　　　　责任校对：胡永立
封面设计：陈宇琰　　　　责任印制：党　辉

利率互换与利率风险管理创新
LILYU HUHUAN YU LILYU FENGXIAN GUANLI CHUANGXIN

中国财政经济出版社 出版

URL：http：//www. cfeph. cn

E-mail：cfeph@ cfeph. cn

社址：北京市海淀区阜成路甲 28 号　邮政编码：100142

营销中心电话：010-88191522　编辑部电话：010-88190957

天猫网店：中国财政经济出版社旗舰店

网址：https：//zgczjjcbs. tmall. com

北京密兴印刷有限公司印刷　各地新华书店经销

成品尺寸：170mm×240mm　16 开　16 印张　204 000 字

2024 年 4 月第 1 版　2024 年 4 月北京第 1 次印刷

定价：65. 00 元

ISBN 978-7-5223-2899-7

（图书出现印装问题，本社负责调换，电话：010-88190548）

本社质量投诉电话：010-88190744

打击盗版举报热线：010-88191661　QQ：2242791300

前　言

1971年8月，美国政府（央行）放弃金本位制度（即Bretton Woods Agreement）之后，美元价值的波动率快速上升，导致世界各国汇率的波动率大幅上升，一改往日的平静。这也影响了利率的平稳，其波动率也开始增大。1979年10月，美国处于高度通货膨胀状态，为了压制通货膨胀，美国央行联准会主席Volcker提出改变货币政策，由管理利率水平的政策改为直接管理总体货币成长的水平。这个利率政策的改变使美国政府债券收益率的波动加剧，收益率的波动率增大。这些因素均刺激了金融市场对利率和汇率风险对冲工具需求的大量增加，于是，一个有效率且使用成本低廉的对冲工具——利率互换（或掉期）就此产生。商业银行和投资银行因为利率和汇率波动率的增大而获得商机，于是给企业和金融机构提供了各种不同的互换（或掉期）产品，以作为对冲利率和汇率风险的工具，之后利率互换（或掉期）的交易量快速增长，至今其交易量已达五六万亿美元的规模。除了利率互换（或掉期）外，货币互换（或掉期）也快速成长壮大，其交易量已超过利率互换（或掉期）。利率与货币互换（或掉期）给商业银行与投资银行带来了巨大的商机与丰厚的收入。因此，银行也扮演了促进整体互换（或掉期）成长壮大的主要推动力的角色。2023年5月15日，香港与境内的利率互换市场正式启动，两地利率互换市场的互动接轨（北向互换通，以人民币计价）将驱动中国互换市场的交易量成为世界第一，中国互换市场也会成为国际上举足轻重的市场之一。

在互换（或掉期）和股权市场壮大成长的过程中，银行刚开始只是替客户做互换（或掉期）中介的业务，介绍银行客户给互换（或掉期）经纪商，从中收取中介费用（或佣金）。但是，随着时间的推移，银行觉得自己拥有客户，应该直接为自己的客户提供利率与货币互换（或掉期）的业务，以便获得更多的收入。从此，银行不但充当互换（或掉期）经纪商的角色，还经常将互换作为管理自身资产与负债的暴露于利率与汇率风险的对冲工具。发展至今，互换（或掉期）已经广泛应用于企业和金融机构：

1. 企业和金融机构可运用互换（或掉期）对冲利率上行的风险，降低融资成本。

2. 企业和机构投资者可运用掉期对冲利率下行的风险，规避利息收入减少的风险。

3. 保险公司（金融机构或企业）可以运用掉期来管理资产与负债对利率变动的敏感度，以达到零久期（即资产与负债组合的利率敏感度为零），这个过程不会产生利率不确定变动所导致的亏损。

4. 基金经理（或投资组合经理）可以运用掉期达成资产配置的战略目标，提高投资收益率，比运用其他策略更有效率，而且成本更低。

5. 套利者（或投机者）可根据他们对利率走势的判断与预测能力，运用掉期作为套利的工具。

6. 企业或金融机构在发行新债券时，可以将互换适当地嵌入浮动利率债券的条款内，以降低融资成本。比如可赎回债券，若在闭锁期后，利率上行高于可忍受的利率上限，而且赎回的适当条件尚未成熟，则维持现状的成本会很高。这时就可以运用事先协议的掉期期权，允许企业进行利率互换，将上行的利率转换为固定利率，降低融资成本，减少债券赎回的成本。

7. 利率互换可被运用于构建结构式融资，以取得较低的融资成本。

8. 银行作为互换经纪商，会经常运用掉期对冲自身资产负债暴露的利率与汇率风险。所以，银行不但是掉期的经纪商，也是掉期的主要使用者之一。

9. 掉期可以运用于国际利率与货币互换，以降低国际融资成本。

利率互换与远期利率协议（FRA）具有很密切的关系，而且利率互换与远期利率协议又与其他两种利率衍生品“利率上限期权（Cap）”和“利率下限期权（Floor）”有紧密的关系。买入利率上限期权和卖出利率下限期权，其实等同于利率互换，也等同于远期利率协议的组合。正如上市交易的利率期货，利率互换、远期利率协议、利率上限期权和利率下限期权形成了浮动利率衍生品最重要的利率产品。

以上内容在本书中都会有详细的介绍和案例分析，来帮助读者了解这些重要利率衍生品的实务应用。

另外一种重要的利率互换是“固定期互换利率（CMS）的互换”，也与利率互换（IRS）有着密切的关系，被广泛运用于企业界和金融机构。互换（或掉期）也可以延伸到跨国利率互换（或掉期），并借此作为跨国利率套利的工具，以获得较低的跨国融资成本。除了比较标准型的利率互换外，本书也详细介绍了一些奇异型的利率互换，比如远期利率互换、可赎回利率互换、敲入与敲出型利率互换、后置（期末调息）互换、区间式互换等。

本书还介绍了关联利率互换（或掉期）的相关内容，并以案例和图表介绍分析了每一种互换（或掉期）被运用于提升资产投资的利息收益率或降低举债的融资成本的方法。同时，为了能够让读者更清楚地了解如何运用利率互换来管理资产负债表内具有利率敏感度的资产与负债，并构建零久期资产负债组合，本书特以一个专章的案例进行了详细介绍。

除了应该了解利率互换的经济意义与应用外，本书还对利率互换所涉及的各项关联风险进行了清晰的介绍与分析。

此外，本书也设了专章来详细介绍互换（或掉期）经纪商运用利率期货对冲融资的利率风险的方法和案例。

金融原理与理论是金融科技创新的源泉，希望本书能够帮助读者熟悉并了解利率互换（或掉期）的基本原理与实务应用。这个很重要的利率衍生品已经被欧美国家广泛运用于企业界和金融机构，作为资产与负债管理的一种重要工具。我国的互换市场还处于萌芽阶段，希望本书的出版能够对我国互换市场的发展有所帮助。

本书可作为金融专业研究生的教材，适用于金融学硕士学生、MBA 和 EMBA 学生来研读，也适用于实务界人士来充实与利率互换方面相关联的知识。

欢迎学术界、实务界人士对本书内容提出建议和指正，以作为日后修正和改进的参考。

感谢南华期货公司罗旭峰董事长对本书的大力支持，使本书得以早日与读者见面，同时也感谢我的爱人林丽萍女士的辛勤工作，她为本书的编撰与校对提供了很大的助力。

书中句句皆智慧，亲爱的读者，您值得拥有！

陈松男博士　敬笔

2024 年 2 月

目　录

第一章
利率掉期与掉期市场特征

一、利率掉期

利率掉期[①]（IRS）也称为利率互换，是一种重要的利率衍生产品。在所有利率衍生产品中，利率掉期的交易量最大，而且具有多种功能，比如：利率风险的管理；在国内与国外货币市场中进行套利；在跨境货币和资本市场中进行利率套利；套期保值者通过利率掉期将持有的固定利率借款转换为浮动利率借款，从而在未来利率下跌时，可以降低借款成本。

① 关于利率掉期更详细的应用说明与范例，读者可参阅本书作者的另一本书《金融风险管理》第四章，机械工业出版社 2014 年版。

二、利率掉期的操作过程

利率掉期允许互换双方在存续期间内，一方支付固定（或浮动）利率，并从互换对手处收取浮动（或固定）利率，利息的支付和收取以净额交割，同时以同一种货币结算，而且互换双方只交换利息，不交换本金。利率掉期也称为息票互换。用于计算利息的本金称为名义本金。

利率掉期的操作过程如图 1－1 所示。

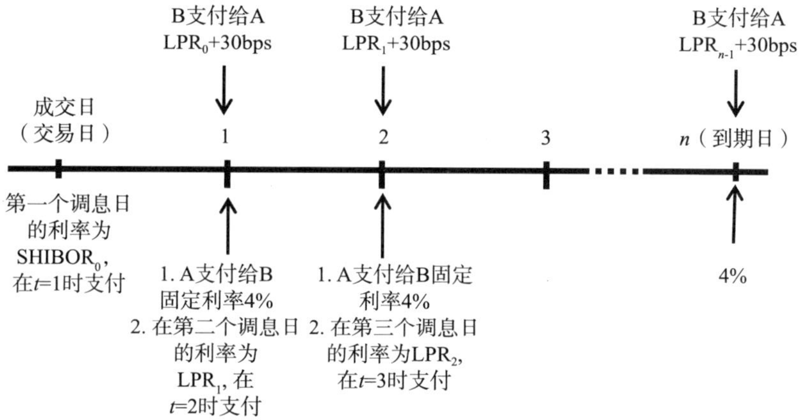

图 1－1　利率掉期的操作过程

解释：

（1）贷款市场报价利率（LPR）在每一个互换期（t 期）之前（$t-1$）都会重新调整设定，以作为在互换期 t 的结算（支付或收取）［称为 Reset in Advance & Paid in Arrears，也可称为前置互换或前置 LPR（SHIBOR）］。

（2）在利率掉期中，其他标的利率可以是 SHIBOR、LIBOR、AA 级综合 CP 指标利率、PIBOR、HIBOR、SIBOR、短期国库券利率（T－bill rate）、Euribor rate 等。其中，LIBOR/LPR、T－bill rate 和 AA 级综合 CP

指标利率最常见。但 LIBOR/LPR 是最主要的标的利率（或参考利率）。本章的“三、掉期案例与定价”部分会进一步介绍说明实务中的范例。

（3）在 IRS 交易内，普遍采用6个月或3个月互换一次。采用6个月 LPR（或6个月 LIBOR）与固定利率互换，是典型按照债券每6个月付息，而 LPR 的支与付是按照货币市场的传统，在每一个互换期初重设利率，并在期末价交割结算。

注：

第一个调息日是成交日，但起息日是在成交日 2 天后开始计息。之后每一期的调息日是在每一个互换期的期末前 2 个营业日作为调息日，也就是每一互换期末前的第二个营业日的浮动利率，可作为该期结算交割的浮动利率。此种利率掉期称为期初调息掉期或前置互换（Reset in Advance & Paid in Arrears）。每一个互换期的起息日（或计息日）都是调息日 2 天后开始计息，付息日（交割日）都是每一期最后一个营业日。若遇假日，顺延至下一个营业日。结算交割以每一期收取与支付的利息差额计算。互换的有效期（比如5年）从成交日 2 天后开始，然后加上 5 年（比如，5 年期互换的有效期为 2 天后起的 5 年）。

三、掉期案例与定价

我们运用前文的图作为例子，进一步以范例介绍分析以下情况。

（一）第一种情况：预期利率会上行

企业预期利率将在下一年上升。某企业主管（或套期保值者）运用利率掉期将其持有的浮动利率借款（或浮动利率债券）的 3 个月期 LPR + 30bps 的浮动利率，转换为 4% 的固定利率。因此，企业主管应寻找银行（互换对手）签订一个利率掉期，双方约定在每一个互换期，企业主管要支付给银行（互换对手）4%的利率，而银行应支付给企业主管3个月的LPR+30bps。因此，企业的浮动利率借款（或债务）转化为4%的固定利率借款（或债务），并不是支付原来的浮动利率。

以上的利率互换可以用图1－2表示。

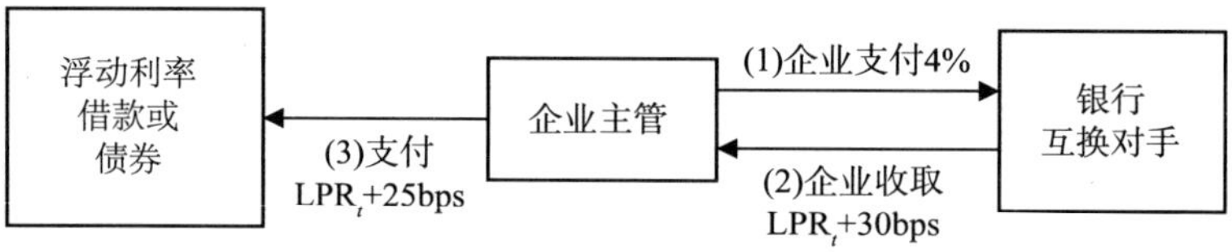

图1－2　每一期利率互换结算程序

以上的每一个互换期内，企业的利率变成固定利率4%[＝(1)+(2)+(3)]。

每一期的利息交换只有一笔净利息的支付，而不是各自支付给对方。

若$(LPR_t+30bps)-4\%>0$，则银行支付净额给企业。否则，企业支付净额给银行。

注1：

透过掉期，企业将浮动利率债券转换为合成的固定利率债券。

注2：

以每3个月为互换期和名义本金100万元为例，每一个互换期的互换净额$=100\times\frac{3}{12}[(LPR_t+30bps)-4\%]$。

注3：

掉期的双方很难找到合适的互换对手。为了要使掉期交易更有效率，掉期经纪商（或称掉期做市商或掉期银行）就扮演了撮合（或匹配）掉期对手的功能。因此，掉期经纪商是介于掉期双方的一个中介角色，以促成掉期交易能够很快完成。经纪商从掉期双方收取佣金或费用，这个费用一般很低。

注4：

企业的掉期对手也可能是另外一家企业，而掉期经纪商（银行或投资银行）是两家企业的中介商，需促成两家企业完成掉期合约的签定，并收取中介费用。

（二）第二种情况：预期利率下跌

企业预期利率在未来一年会下跌。某企业主管（或套期保值者）可以运用利率掉期将其持有的浮动利率投资转化为固定利率投资，以锁定每一期较高的固定利率（比如4.5%）。

这就是说，企业按期收取4.5%的固定利率，并支付给互换对手浮动利率，因为企业预期浮动利率会在下一年下跌，所以，企业不会因为浮动利率下跌而承担利息收入损失。

以上的利率互换可以图1－3表示。

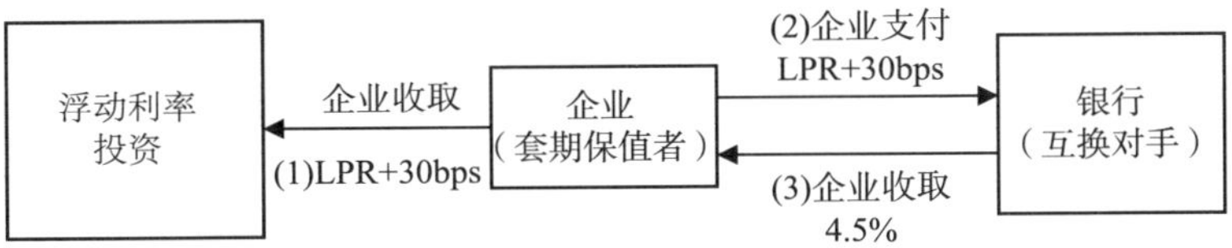

图1－3　每一期利率互换结算程序

以上的每一个互换期，企业的浮动利率收入已转换成为合成的固定利率4.5%的收入，即使未来的浮动利率持续下跌，比如，4%、3.8%、3.5%等，利息收入也不会减少［注：4.5%＝(1)＋(2)＋(3)］。

1. 激励利率互换交易的动因

企业、银行、其他金融机构和主权国家都有使用利率互换交易的不同动因，他们有不同的风险偏好（或承负风险的程度），市场上的信息也不对称。有些企业比较偏好固定利率融资，利率上行（或下行）时，运用利率互换锁定现在比较低（或高）的利率，以及其他可获利的套利。只要这些动因不消失，掉期交易就会持续下去。本书以后的章节会陆续介绍许多不同情况下的掉期交易，以达到降低融资成本、增加投资或套利收益的目的。

2. 利率掉期（IRS）的定价

利率掉期的定价是要决定掉期内的固定利率（比如本范例内的4.5%）。这个利率是一个公允利率（Fair Rate），即在掉期合约签订初期，掉期合约未来的净现金流量（收入－支付）的期望现值等于零。这样，掉期双方在期初都处于公平的地位（不盈也不亏）。这个公允的利率就被称为掉期利率（或互换利率）[①]。

四、利率掉期与利率期货的不同特征

第一，利率期货是在交易所交易的衍生品；掉期不是在交易所交易，而是在柜台交易的衍生品，其报价出现于掉期经纪商的荧幕上。

第二，期货交易的双方都必须缴纳保证金，存放于交易所，期货交易的每日盈亏在当日结算交割。因此，交易双方的盈亏不会累积到期货的到期日。但是掉期的盈亏不是每日结算交割，而是在每一个互换期（一般是3个月或6个月）进行一次性的盈亏结算交割，而且掉期双方也不缴纳保证金。因此，掉期的信用风险高于期货的信用风险。为了降低掉期信用风险，银行及投资银行（或掉期经纪商）一般会让信用质量较低的互换对手缴纳抵押品或第三方的保证信函（下文会进一步介绍）。

第三，期货合约都是标准化的，名义本金、行权价、到期日都是标准化的，但是掉期规格不是标准化的，可以随客户（或互换对手）的不同需

① 在第七章介绍固定期掉期（CMS）时会进一步说明掉期利率。另外，有兴趣的读者也可参阅作者的书《固定收益证券与衍生品》第15章，机械工业出版社2014年版。

求替客户量身定做。也就是，每一个掉期都是客制化的。因此，掉期合约规格具有灵活弹性好的特征，只要掉期双方同意，掉期合约的内容，即条件都可以包括在掉期合约内（包括结构式掉期合约）。这也是掉期交易发展迅速、交易量迅速增加的一个重要原因。

五、掉期市场是期货市场的竞争对手

当企业运用LIBOR/LPR利率期货合约对冲利率风险时，经常会出现融资日期与期货到期日不相匹配的问题，以致产生所谓的基差风险（Basis Risk）。但运用掉期合约不会产生基差风险，就是因为它具有灵活弹性设计。掉期合约总是可以客制化来满足企业客户的各种需求。因此，可以说，掉期市场是利率期货市场的竞争者。可以用理论进一步证明这一点：一个支付固定利率（并收取浮动利率）的掉期合约等同于出售利率期货合约（两者的收益线都是负45度斜率的直线）。而一个收取固定利率（并支付浮动利率）的掉期合约相当于买入的利率期货合约（两者的收益线都是正45度斜率的直线）。此处，要注意利率期货价格上涨（或下跌）代表利率下跌（或上升）。因此，很多企业比较喜欢运用掉期合约，以便完整地对冲利率风险，而没有对冲所需要的条件不匹配所产生的关联基差风险。此外，企业可以直接与他们经常往来的银行直接对做掉期交易。虽然企业与银行对做掉期交易会有银行对手信用风险，但银行是受国家的严格监管的，其信用风险不会高（至少银行是时时受监控的）。此外，银行接受企业利率（或汇率）风险的转嫁时，银行可以运用掉期经纪商的角色，将风险透过反向的掉期交易对冲掉，或者银行也可以进入利率（或外汇）期货市场对冲受转嫁的利率（或汇率）风险。

注：此处所指的利率期货是离岸美元利率期货，其到期日可由1个月、3个月延伸到3年，但3年期利率期货的流动性有时会比较差。以美

元为主的利率期货在芝加哥大宗商品交易所（CME）的国际货币市场（IMM）交易。

虽然这两个市场是相互竞争的市场，但也是相辅相成的两个市场。因此，短期利率掉期（1～2年）对冲利率上行的风险也可由出售一系列利率期货（Strip Hedge）来锁定利率，以对冲利率上行带来的融资成本增加的亏损。也就是，掉期与利率期货对冲利率风险的功能几乎是一样的。因此，短期掉期（固定）利率的定价跟随期货价格所隐含的利率（=100－期货价格）而进行的紧密的联动。至于3年期的利率互换（或掉期），只要3年期的利率期货（或FRA）的流动性足够，则3年期的掉期利率也会紧跟3年期利率期货价格的隐含利率进行联动。但是，3年期掉期利率也会受公司债券市场融资成本的影响。至于3年期以上的掉期利率（包括掉期信用利差），也与债券市场的借贷利率成本有紧密的联动关系［详见Evans（1990，Salomon Brother Inc）的实证研究］。本书第七章将介绍掉期利率（或互换利率）的理论定价和实务应用，在没有信用风险下，掉期利率等于平价债券的收益率（或融资利率）。此外，掉期市场有一个很重要的机构，即国际掉期与衍生品协会（International Swaps and Derivatives Association，简称ISDA），它为会员提供了很多服务，包括合约内的标准名称、条件，还将定期查询会员的需求及会员对交易规则的改进建言。其中，国际掉期与衍生品协会早在1987年就为会员设定了掉期合约的主协议（Master Agreement），准确地规范了掉期合约内应该有的条款，如确认合约、违约的条件以及处理的方法、掉期交易的纳税处理建议等。下一章会进一步详细介绍。

六、掉期市场的实务报价：固定端利率

掉期的报价，是指对掉期固定端利率的报价（或掉期利率的报价）。

浮动利率端的利率可以是 LPR、SHIBOR、LIBOR、Euribor、商业票据利率指数、优惠利率（给信用评级优质的企业的贷款利率，即 Prime Rate）等。这些参考利率都可以作为掉期另一端的浮动利率。参考利率都有自己的利率期限结构，并且受整体金融市场的经济力量所影响，从而变动。根据 Bradley 与 Lumpkin（JFQA，1992）的实证研究，美国七种不同期限利率 3 个月、1 年、3 年、5 年、7 年、10 年和 36 年之间呈现高度相关和协整关系。也就是，不同期限利率的变动都有高度关联性，并且呈现均值回归的现象。此外，掉期利率与对应期限的国库券收益率也呈现高度相关和协整的关系。根据 Sun、Sandaresan 与 Wang（SSW，1993）的实证研究指出，AAA 信用评级经纪商每日卖价的报价与美国国库券每日收益率之间的相关系数高于 91%，而且随着掉期期限的增加而增加。特别是，4 年、5 年、7 年和 10 年期限的掉期报价与对应期限国库券收益率的日变动相关系数可达到 97%、98%、98% 和 99%。若采用每周的数据，两者的相关系数与每日数据的相关系数几乎一样。此外，因为国库券收益率是市场参与者非常熟悉的收益率，所以掉期经纪商对掉期利率的报价是以国库券收益率作为基准利率加上掉期（信用）利差的。也就是，掉期固定端的利率（掉期利率，Swap Rate）在报价时被分成两个部分：一个是政府债券的收益率，另一个是掉期利差（Swap Spread），而应该选择的政府债券到期日则为匹配掉期合约的有效期。若掉期合约的有效期为 5 年（或 10 年），则选择 5 年期（或 10 年期）热门政府债券（On the Run）的收益率作为固定利率的第一个部分。这种热门券（或最近发行的券）是整体金融市场参与者所熟悉并且是经常被观察的收益率。因此，掉期的报价就集中在掉期利差的报价上。在实务上，掉期做市商是将掉期利差的报价分成买价与卖价。买价是做市商（或银行）所愿意支付的固定利率（会比较低），而卖价是做市商（或银行）想要收取的固定利率（会比较高）。所以，买价与卖价间的差价是做市商的利润和承担信用风险的溢酬（或收益），再加上税负成本。

为使读者进一步理解掉期的固定利率报价，这里列举一个范例（见表1－1）：（以3个月期LPR为浮动利率，若以6个月LPR为浮动利率，其隐含的意义也相同）。

表1－1　掉期固定利报价

掉期有效期（月）	国库券收益率（%）	买价（bp）	卖价（bp）	掉期的固定利率（%）
1	5.50	26	49	5.76～5.99
2	5.70	28	51	5.98～6.21
3	5.90	30	53	6.20～6.43
4	6.15	34	57	6.49～6.72
5	6.35	36	59	6.71～6.94
7	6.55	40	64	6.95～7.19
10	6.80	46	70	7.26～7.50
15	7.05	55	81	7.60～7.86

注： 若掉期市场的交易很火爆，且流动性高，其买卖价差会缩小。当掉期有效期（或期限）较长，买卖价差会逐渐扩大。掉期利率的报价有1、2、3、4、5、6、7、8、9、10、12、15、20、30年期，但太长期的掉期，流动性可能会下降，要注意其报价的可靠性。我国LPR掉期市场的流动性会随着市场的发展和法规的逐渐完善而逐渐增加。

七、掉期利率报价与期限溢酬的实证结果

对掉期利差进行了比较完整的实证研究的是Sun、Sundaresan与Wang（SSW）的实证研究（发表于1993年，JFE）。他们（SSW）将全部样本605个日观察值的经纪商掉期利差报价和掉期期限溢酬（Term Premiums）加以整理并检测其统计显著性。同时，也检测在倒挂收益率曲线（Inverted Yield Curve）期间，掉期利差报价是否有所不同。这里我们将SSW实证研究的部分重要结果解释如下：

注： 倒挂收益率曲线的定义是10年期国库券收益率小于2年期国库

券收益率。

掉期利差 = AAA 级掉期利率的卖价报价 - 对应期限的国库券收益率

解释：

（1）在全部样本下（包括上行与倒挂曲线期间），AAA 评级经纪商掉期利率卖价减去对应期限国库券收益率的平均掉期利差，随着掉期期限的增加而增加（以 bps 计算：64.33/2 年期、70.84/3 年期、72.78/4 年期、76.54/5 年期、77.49/7 年期和 81.60/10 年期）。

（2）在倒挂曲线期间，也呈现平均掉期利差随掉期期限的增加而增加（以 bps 计算：74.89/2 年期、75.56/3 年期、74.15/4 年期、76.59/5 年期、77.34/7 年期和 79.89/10 年期）。所以，在倒挂收益率曲线期间，前 3 个期限显示平均掉期利差高于全部样本的平均掉期利差，但后面的 3 个期限，两个样本期显示平均掉期利差几乎是相同的。

（3）在全部样本和倒挂曲线期间，平均掉期期限溢酬随着掉期期限的增加而增加（由 6.52bps 增加到 17.27bps）。这个结论与债券收益率期限溢酬的表现一致。但在倒挂曲线期间，平均掉期期限溢酬远小于全部样本期间的平均掉期期限溢酬，甚至在 4 年期限出现负值的掉期期限溢酬（-0.74bps）。

掉期利差的报价也会因为不同信用评级的经纪商与不同的掉期期限而有不同的买价与卖价的报价，以及不同的买卖差价（Bid - Offer Spread）。我们将 SSW（1993）实证研究的部分重要结果，解释如下：

解释：

（1）AAA 级经纪商掉期利差的平均卖价，会随着掉期期限的增加而增加。由 2 年期的 8.8% 增加到 10 年期的 9.32%，增加的幅度很小，而且 AAA 级的平均买卖差价都是 10bps，不因期限的增加而改变（掉期期限是 2、3、4、5、7 和 10 年）。

（2）A 级经纪商掉期利差的平均卖价，也是如同 AAA 级，会随着掉期期限的增加而增加，但逐年增加的幅度很小。A 级的平均卖价小于 AAA 级的平均卖价。此外，A 级的平均买卖价差在 4.65bps，远小于 AAA 级的平均买卖价差 10bps。

（3）A 级经纪商掉期利差的平均买价，高于 AAA 级经纪商掉期利差的平均买价，也就是 A 级的平均买价大于 AAA 级的平均买价，但 A 级的平均卖价小于 AAA 级的平均卖价。以符号表示比较清楚，如下：

平均卖价（AAA）＞平均卖价（A）
平均买价（AAA）＜平均买价（A）　不管哪一个期限

（4）AAA 级买卖价差的平均中间价大于 A 级买卖价差的平均中间价，不管是哪一个掉期期限（中间价是买价与卖价的平均值）。其实，4 年期以上的 AAA 级和 A 级的平均中间价，在 1% 的统计显著水平下，都是不显著。也就是说，4 年期以上 AAA 级与 A 级的平均中间价是一样的，其微小差异属于噪声（Noise）。

对于第（3）项的实证结果，我们可以进一步解释其原因。掉期经纪商的卖价其实是收取掉期（固定）利率，换取支付浮动利率。因此，经纪商承诺履行未来支付浮动利率的责任。而信用评级越高的经纪商，违约支付浮动利率的概率越低，其信用声誉越高。因此，信用评级越高的经纪商，要求收取固定利率的（即卖价）会比较多，而且价格高于信用评级较低经纪商的卖价。此外，掉期经纪商的买价代表经纪商支付掉期（固定）利率，并取得浮动利率。因此，经纪商承认履行未来支付固定利率；经纪商的信用评级越高，其违约风险越低。因此，高信用评级经纪商想要支付的固定利率（买价）会比较低，而且低于信用评级比较低的经纪商的买价。此外，读者也可以详阅第十五章，进一步了解经纪商如何将信用风险导入掉期利率的定价，以及未来利率对掉期交易双方信用风险的影响。

但是，有不少的掉期经纪商不会因为客户评级的高低而有不同掉期利率的报价，也就是说，掉期经纪商会采用相同的报价，不管客户的信用评级如何。这是因为当经纪商与客户签订掉期合约时，会在合约协议的条款内要求向客户收取掉期费用和缴纳具有流动性的抵押品。掉期费用的大小得视客户的信用质量、掉期有效期的长短和名义本金的大小而定。若客户的信用质量比较好、掉期期限不会太长，还有适当的名义本金金额，则掉期费用比较低；否则掉期费用会比较高。另外，若客户的信用评级不高（比如未达到 A 级），则会被要求缴纳抵押品，以抵消（或降低）信用违约发生时的亏损。所以，掉期经纪商在掉期利率报价时才会采用相同的报价。

八、掉期经纪商也是掉期重要的使用者：对冲自身风险

当掉期经纪商承接一笔掉期，一般会再承接另外一笔反向匹配的掉期，如此，掉期经纪商可以对冲掉承接掉期的利率风险，并能够获得买卖价差的收益。我们以图 1－4 来表示（以 10 年期掉期为例）。

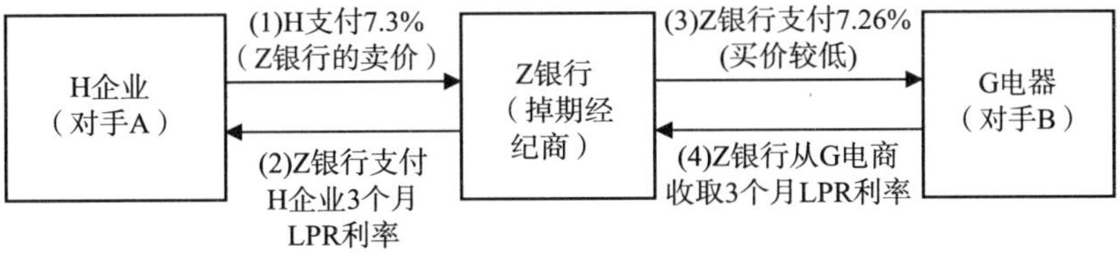

图 1－4　掉期经纪商对冲风险

所以：（1）＋（3）＝Z 银行获得买卖价差 4 个基点

（2）＋（4）＝Z 银行的利率风险为零（对冲掉）

注： 在 20 世纪 80 年代末期（1988 年或 1990 年），美国利率掉期（IRS）二级市场的建设与发展进一步促使企业、金融机构和经纪商将自己的利率掉期仓位在二级市场进行反向对冲交易，以解除原来利率掉期仓位的责任与义务。这进一步促使利率掉期市场交易量的大增。

除了固定利率外，浮动利率（3 个月期 LPR）一般是 3 个月期限的期初（$t-1$）根据当时的市场利率设定 3m LPR，而在当期 3 个月末（t）进行固定与浮动利率的结算交割，并以净额（固定减浮动或浮动减固定）交割支付。收入小于支付的一方，要支付给对手净额。以上这种浮动利率在每一期期初设定，并在当期期末结算交割的制度称为“期初设定、期末支付（Reset in Advance，Paid in Arrears）”。另外一种交割制度是“期末设定、期末支付（Reset in Advance，Paid in Advance）”。后者的运用有其适用的市场情况，可取得比较高或比较低的利率。我们会在第六章介绍。此外，它也会出现于利率结构式产品之内。上面的例子是以 LPR 持平利率，没有加上任何基点。有时候浮动利率 LPR 会再加上几个基点，比如 6MLPR + 30bps，那么就得在固定利率方面进行一个适当的调整，比如，若在浮动利率方面多收 x 个基点，则在固定利率方面多付 x 个基点。这个在第二章会有进一步的介绍。

在掉期交易中，有人称浮动利率（比如 LPR、SHIBOR 或 LIBOR）为商品（Commodity），这是因为，支付固定利率换为浮动利率，就像以固定利率买入浮动利率；当收取固定利率并支付浮动利率时，就像出售浮动利率而获得固定利率的收入。因此，在掉期交易中，浮动利率被称为商品，是以固定利率买入或卖出的商品（当然浮动利率本身不是商品，而是资金的借贷成本）。

第二章 掉期的市价、交割结算和法规与多样化掉期创新合约产品

一、按市价与偏离市价的掉期交易

一般而言，企业进入掉期时，支付固定（或收取固定）的利率是掉期利率。比如，一家企业进行一个4年期掉期交易，当时的4年期掉期利率是5%，若该企业按照掉期利率支付5%利率（并收取6个月LPR利率，半年交割一次），则该掉期交易是所谓的按市价掉期交易（即在期初，这个掉期利率6%能够使该掉期的期初价值为零）。另外一个情况是，若企业目前还有一个有效期3年、支付6个期LPR利率的债券。这时企业的财务部门认为未来LPR利率会大幅上升，为了要降低未来的融资成本，该企业决定进入一个3年期掉期，愿意支付固定利率6%，并收取6个月LPR + 1%。此处，利差1%（即6% - 5%）是每期多支付1%的利率，而在浮动

利率多收取 1%，则该掉期仍然是按市价掉期。但如果该企业愿意支付 6% 的利率，比掉期利率多出 1%，并且收取 6 个月 LPR 的持平利率（不另外加上 1%），则该掉期称为偏离市价的掉期。在这种情况下，企业在掉期期初会从掉期经纪商（对手）收到一笔一次性的款项（或称前端费用）。此款项是每年多支付 1% 为期 3 年的年金现值，也就是 $\sum_{t=1}^{6}\frac{0.5\% \times 100\text{万}}{(1+3\%)^{t}}=5000\times 5.4172=27086$ 元。

此处，折现率是企业的资金成本 6%，债券面值是 100 万元。

另外一种情况是，企业愿意在期初支付前端费，以取得（或买到，Buy Down）支付较低的固定利率 4%，少付 1%，则企业必须在期初支付 27086 元给对手掉期经纪商。

解释：

根据前面范例的内容，我们首先解释按市价掉期。当企业进入按市价的掉期，支付固定利率 5%（即掉期利率），并收取浮动的 LPR 利率。这个按市价的掉期可以视为企业发行一个（3 年期）支付固定利率 5% 的债券，同时买入一个（3 年期）浮动利率 LPR 的债券（FRN），所以，在每一个掉期交割日，都是支付固定利率 5% 和收取 LPR 的浮动利率。至于偏离市价的掉期，可视为企业发行一个（3 年期）支付固定利率 6%（已偏离掉期利率 5%），并同时买入一个（3 年期）浮动利率 LPR 的债券。所以，这个偏离市价的固定利率 6% 的债券与浮动利率 LPR 债券在掉期期初的价值不会相等，产生了两个债券价值的差额，这个差额在期初补给支付固定利率 6% 的掉期持有者。企业在期初收到一笔一次性的款项（或现金），也相当于一个债券在发行时支付比较高的票息所得到的债券发行溢价，这是同样的意思。所以，在掉期期初收到一笔一次性的现金可以称为掉期溢价（Swap Premium）。其实，在期初这一笔现金是代表在掉期有效期内（比如 3 年）的对冲成本（或利息费用）。在会计处理方面可以采用直线法或适当的会计准则来摊提这笔对冲费用。

二、掉期交割日的利息计算

与 LIBOR 关联的利息计算是以每年 360 天计算的，而大部分的亚洲国家以每年 365 天计算。所以，下面的公式是掉期固定端和浮动端的每一个交割日期的利息计算公式。

$$\text{固定端利息} = (\text{掉期固定利率}) \times \frac{N}{365} \times \text{名义本金（比如 1000 万元）}$$

$$\text{浮动端利息} = (\text{6 个月 LPR 利率}_{t-1}) \times \frac{N}{365} \times \text{名义本金}$$

此处：

N = 6 个月的实际天数（181 ~ 184 天）（若是 3 个月 LPR 利率，3 个月的实际天数是 90 ~ 92 天）。

（$t-1$）是指［$t-1$ 至 t］期间的期初利率（重设利率）。若浮动利率是美元 LIBOR 利率，则其分母的 365 应改为 360（每个月以 30 天计算）。固定端内的 365 天维持不变，因为若交割日期为每 6 个月互换一次，掉期固定利率的计算如同债券利率的每 6 个月计算一次，每年以 365 天计算。若互换两端（支付与收取端）的付息频率不同（比如，3 个月和 6 个月），市场的交易条件并不调整付款频率的不同。因此，没有复利的问题。比如，6 个月的收取（或支付）必须等待两个 3 个月期（即 3 个月期再加上另外 3 个月期）才能收取（或支付），对 6 个月收取（或支付）不计算复利利息。

三、互换合约的法规

互换（合约）市场没有严格的法规规范。相关规范是由国际互换与衍生产品协会（International Swaps and Derivatives Association，ISDA）制定的法规规范互换交易的总协议书（Master Agreement）。总协议书已被不少国家采用作为互换合约的法律根据，总协议书内规定了7种构成违约的条件，如不履行支付利息、违反合约规定、信用支持资料的不确定、误导合约条款、背信其他互换项目、背信其他债务与倒闭。互换一方发生有上述任一项目时，其对手可认为其已违约，并可中止互换合约。总协议书内也规定了中止合约时盈亏的清算标准。

根据ISDA的主协议，掉期合约应该包括下列几个重要内容。

1. 名义本金：比如人民币1000万元（或美元、欧元本金）；

2. 合约期初日期：比如20××年5月31日；

3. 合约到期日：比如20××年5月30日（若年份是指2023年，则5年期的到期日为2028年5月30日）；

4. 浮动利率：6个月LPR（或6个月SHIBOR），或Euribor、LIBOR；

5. 固定利率支付者：××企业；

6. 固定利率收取者：××银行（或J. P. Morgan，掉期经纪商）；

7. 掉期固定利率：6.74%（××银行的卖价），半年计息，*N*/365；

8. 交割日期：每年的11月30日和5月30日（或其他交割日期）；

9. 固定与浮动利率都以人民币计算（或以美元、欧元计算）；

10. 交割利率采用期初设定、期末交付（这样在每一期期初，掉期双方都会知道在期末所需要交割的现金流量。这与资金借贷的情况相同）。

四、互换利率与公司债券利率的关系

一般公司以中、长期固定利率债券融资，而后因经营方面的需要或策略的改变，某些固定利率债券必须转换成浮动利率债券；或者某种外币固定利率必须转换成另一种外币固定利率。而所转换的新利率（收取或支付的固定利率）应与公司相对应的公司债券利率相当（很接近），否则就会产生套利机会。在有效率的债券市场内，这种套利机会很少。若有，也会因套利活动而很快消失。因此，掉期的利率应与债券市场内对等公司债券的利率相当接近。

就银行而言（掉期的另一方或掉期经纪商），银行所要收取的掉期利率应不会低于银行里吸收中、长期的资金利率。同时，银行所愿意支付的掉期利率都以中、长期资金市场（或债券市场）的利率作为计算标准。另外，寻求掉期交易的公司都是信誉佳的公司（信用等级为 AA 或 AAA），因此，掉期利率应以相对高信用评级公司债券的利率作为计算标准，且两者应相当接近。换言之，掉期利率可作为高信用评级（AA 与 AAA）公司债券利率的良好指标。

五、利率掉期和货币掉期与掉期市场的关联事项

在本节中，我们介绍一些与掉期市场相关的事项。

（一）互换市场的参与者

掉期的一方经常是公司或企业客户，尤其是信誉佳的公司，公司可利用互换双方在国际金融市场的相对利益进行货币掉期与利率掉期，以换取理想的外币债务与较低的融资成本。有些大公司设有专职部门或另外设立

一财务金融分公司，专门掌管债务与资产的互换，以符合公司资产/负债的结构，并换取较低的融资成本或较高的资产投资收益（如索尼、英特尔、通用电气等）。

除了公司和企业外，货币和利率掉期的另一方是银行、投资银行、大型保险公司（美国国际集团、纽约人寿保险、保诚保险等）与其他金融机构，如世界银行、欧洲投资银行等。实际上，商业银行间的掉期交易活动更是频繁。

商业银行间货币掉期和利率掉期交易活动频繁的原因主要有以下几个。

（1）为满足客户的要求，银行不得不接受一些不理想的贷款或存款项目。通过利率掉期的调整，可将这些不理想的贷款或存款项目转换成理想的贷款或存款项目。

（2）有时，有些资产与负债项目会有不配合的情况，如货币种类（人民币、美元、日元、欧元）或利率种类（固定对浮动）的不匹配，银行可利用利率或货币掉期调整匹配。

（3）利用国际金融市场利率的失衡，运用利率互换套利。

（4）利用国际金融市场的不完全因素，运用货币掉期和利率掉期套利。

此外，投资银行、大型保险公司与其他金融机构也会为了各自的债务结构与融资成本经常进行货币掉期和利率掉期的交易，这些交易者的互换交易金额占整体互换市场的大部分。

国际信息服务公司，如路透社与 Telerate 的报价计算机屏幕上都列有大型市场交易的做市商与互换经纪商货币掉期的报价，如 JP 摩根银行、Tullete & Tokyo 等。查看报价计算机屏幕，互换交易者可知道当时市场互换利率的报价，但这并不表示实际货币掉期和利率掉期的利率正是屏幕上显示的利率。屏幕上的互换利率一般都以某种交易金额、某个到期日或其他标准条件为基础的。所以，交易者应打电话询问市场交易的做市商或互换经纪商，以了解实际能够得到的互换利率报价。

（二）互换合约的中止

当互换的一方因某些原因必须在到期前中止互换合约时，有三种途径可选择。

（1）重新进行另一个对等的新互换合约，此新合约的仓位与原来的互换合约相反。

（2）寻找愿意承担原来合约的第三方，由第三方承担其余合约的责任。第三方一般是另一家银行。当然，必须支付给第三方一些费用（佣金或手续费）。

（3）与原来签订合约的银行洽谈中止合约，并赔偿银行可能的亏损。

六、掉期合约灵活且弹性的多样化设计

因为掉期交易的迅速发展，基本型的掉期合约设计已不能完全满足企业、商业银行和其他掉期终端使用者的需求。因此，在大量不同的需求催促和商机收益的激励下，掉期市场创新了许多不同于基础型掉期合约的产品。

（一）指数摊提率的掉期合约

基础型掉期的名义本金在掉期有效期内是固定不变的。创新的掉期合约可以允许名义本金随着一个市场指数的变动而改变。比如，可随着市场利率 LPR 水平的变动而改变名义本金，或随着股价指数的收益率变动而改变名义本金。后者经常出现于股权掉期（Equity Swaps）中。

（二）变动型名义本金的掉期合约（Varying Notional Principal Swaps）

根据双方事先议定的程序（或规则），在每一个交割日期，名义本金可以增加或减少（参见第十章）。

（三）偏离市价的掉期合约

掉期的固定利率在合约期初不等于掉期的市场利率，如此可以在掉期合约期初产生一次性的现金支付（参见本章第一节）。

（四）基差互换（或基差掉期，Basis Swaps）

合约双方在每一个交割日都是以一个浮动利率交换另一个浮动利率，比如，LPR 与 SHIBOR 互换，3 个月的 LPR 与 6 个月 LPR 互换或 LPR 与 LIBOR 互换，LPR 与优惠利率［优质企业贷款利率（Prime Rate）］互换等（参见第七章）。

（五）利差互换（Diff Swaps）

利差互换是两个国家不同利率的互换，比如，人民币 6 个月 LPR 与美元 6 个月 LIBOR 互换，两个利率都是各自以其货币计算（参见第九章和第十七章）。

（六）敲入型和敲出型期权的掉期合约（Knock - in or Knock - out Option Swaps，或 Entry or Exit Option Swaps）

敲入型和敲出型期权的掉期合约允许掉期双方在掉期有效期内按照双方预先约定的条件进入或退出掉期合约（参见第五章）。

（七）利率上限（Cap）和下限（Floor）期权协议的掉期合约

上述合约是以 Cap 和 Floor 两个期权组合构建的掉期合约。比如，支付固定利率与收取浮动利率的掉期合约可以由买入 Cap 和卖出 Floor 两个期权组合而成；而收取固定利率与支付浮动利率的掉期合约是卖出 Cap 和买入 Floor 的组合。其行权价等于掉期利率，是期初零成本的组合，这相当于掉期合约的期初零成本（参见第八章）。

（八）利率领式期权（Interest Rate Collar）：

利率领式期权是一种奇异型的掉期合约。领式期权是买入一个行权价比较高（比如6%）的 Cap 和卖出一个行权价较低（比如4%）的 Floor 组合。这个组合是一种奇异型的掉期合约（参见第八章）。

（九）股权互换

股权互换是一种掉期合约，即在未来某一段时间内，双方互换现金流量，一方支付（给对方）某一个指定股价指数（比如沪深 300 指数）的收益率，同时对方支付一个固定利率、浮动利率、商品指数或另外一个股价指数（比如上证 50 指数）的收益率。其名义本金可以设定为固定的名义本金或变动的名义本金（每一个交割期日的名义本金随着指定的股价指数的变动而进行调整）（参见第十章）。

（十）货币利率互换

货币利率互换不仅涉及掉期双方的每一期利率互换，也涉及不同货币本金的互换（参见第九章）。

（十一）远期利率互换、可赎回与可卖回利率互换

远期利率互换不是在协议签订后第一个互换期开始就有利率的互换，而是在签约后的未来一个时期（在某一个远期，比如6个月或9个月）后开始进行的利率互换。可赎回利率互换经常运用于将可赎回债券转换成为合成的不可赎回债券的过程。因此，债券发行公司可以获得比较低的固定利息成本。可卖回利率互换可以将可卖回债券转换成为合成的不可卖回债券，以降低融资成本（参见第四章）。

（十二）敲入型与敲出型利率互换

这种利率互换附有一个条件：在合约有效期内，若标的利率敲入预先约定的限界利率，合约才会正式生效；但若敲出限界，合约会立即终止（参见第五章）。

（十三）回购互换（Callable Swap）

此种互换合约允许发行者（公司或银行）在互换合约到期前中止（即赎回）契约，而不受惩罚。为取得此项权利，发行者在合约签署时，必须支付给对方一些费用（期权费用）。到期前中止合约的原因是，发行者认为已不必利用互换合约对冲或已不需要合约上的外币资金。发行者是互换合约的要求者，而对方是互换合约的接受者。这种互换合约没有封闭解的定价公式，但可以运用利率三叉树定价方[1]。

（十四）回售互换（Puttable Swap）

回售互换刚好与回购互换相反，回售互换的购买者（公司或银行）可

① 详见作者的书《利率与债券结构式产品创新》，中国财政经济出版社2022年版。

在互换合约到期前中止合约（即回售给发行者）而不受惩罚。拥有回售权利的一方（购买者）必须支付给对方权利金（期权费用），以取得此项回售权利。到期前回售合约的原因是，购买者（或合约的接受者）认为此项合约已不适合本身的资产、负债结构或已不必利用此项互换对冲。这种互换合约没有封闭解的定价公式，但可以运用利率三叉树定价[①]。

（十五）可延长互换（Extendable Swap）

此种合约允许互换双方在原互换合约到期时，再延长合约至另一个时间。其定价可以运用利率三叉树的分析解。

（十六）扳机互换（Trigger Swap）

此种互换需双方同意，即当某种市场利率（LPR、Libor、Euribor、美国商业贷款率等）上升或下降至某一水平时，原来预先协议的互换合约立即生效，一直到到期日才中止。此类型的合约是属于往上或往下敲入型互换合约。

（十七）鸡尾酒互换（Cocktail Swaps）

此种互换合约涉及数个公司、企业与银行间的数种货币与利率互换，银行充当中介的角色，将数个公司的相互需要与银行本身的需要进行多种外币与利率的互换。只要没有违约或提前终止合约的发生，银行与参与互换的各公司和企业都能得到所需的外币资金与较低的资金成本。

（十八）其他种类的互换合约

另外，还有其他种类的互换合约，如黄金互换、大宗商品互换、债务

---

① 详见作者的书《利率与债券结构式产品创新》，中国财政经济出版社 2022 年版。

与股权互换等，所代表的意义与货币掉期（掉期）相似。唯一不同的是，互换的对象不是利率或外币，而是黄金、大宗商品、债务与股权等。

货币掉期和利率掉期已成为今日国际金融市场很重要的一种交易方式，它为公司、企业、银行、保险公司与其他金融机构提供了不同类型的掉期，使公司等能够运用自己在资金市场的相对优势来进行融资（或投资），而后相互互换外币与利率，如此，各自可获得理想的外币资金与较低的融资成本的机会。所以，本书将对利率掉期与货币掉期的各种类型及互换程序逐一详细介绍，同时，还要介绍货币掉期与利率掉期市场的相关事项，以及具有期权特征的货币掉期与利率掉期交易。

第三章
远期利率协议与利率互换的关系：案例与定价

一、合约的定义及定价

远期利率协议（FRA）是一个金融合约，给予买方（或持有人）在到期日（T_2），以预先约定的利率（K）借入或者贷放固定金额的资金。其在到期日 T_2 的交割过程如图 3－1 所示。

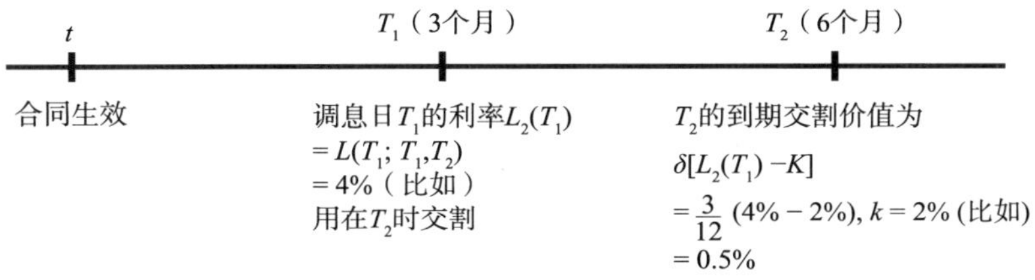

图 3－1　到期日交割过程

此处，$L_2(T_1) = L(T_1;T_1,T_2)$ = 远期 *LPR* 代表在 T_1（比如 3 个月底）时的调息利率，并用于 T_2（6 个月底）到期时计算远期合约在到期日的盈亏。而 $\delta = T_2 - T_1$，比如，$T_1 = 3$ 个月、$T_2 = 6$ 个月，但是以年的百分比计算，所以，$\delta = \frac{6}{12} - \frac{3}{12} = 0.25$（或 3 个月）。

根据以上的交割结构，FRA 合同的公允价值由公式（3－1）决定：

$$FRA(t) = \delta P(t,T_2)[L_2(t) - K] \tag{3-1}$$

其中 $P(t,T_2)$ 是在期初 (t) 零息债券的价格，到期日为 T_2（是折现因子）；

K 为事先约定的固定利率或执行利率（也称为行权利率）。

为使 FRA 合同在签订时对于合约双方都是公平的，也就是 FRA 在合约签订时的期望净现金流量（收入－支出）为零。这样，FRA 的双方在期初既不盈也不亏。因此，执行利率必须等于 LPR 的远期利率 $L_2(t)$，也就是 $K = L_2(t)$［将公式（3－1）设定为 0，即可解出 K 为远期利率］。在合约签订时，执行利率应该选定为期初的远期利率，才能使 FRA 在合约签订时，对双方都是公平的，也就是没有期权费用。

二、FRA 与利率期权的关系

FRA（可称为利率远期合约）是由利率看涨期权和利率看跌期权组合而成：

买入 FRA = 买入利率看涨期权（K）＋出售利率看跌期权（K）

出售 FRA = 出售利率看涨期权（K）＋买入利率看跌期权（K）

此处，执行汇率（K）是远期利率。

因为 FRA 的执行利率是远期利率，利率看涨和看跌期权的期权费用（或权利金）会相等并相互抵销。因此，FRA 在期初合约签订时，没有期权费用。期货合约也是同样的道理。此外，由利率看涨和看跌期权的不同组合可以创新出不同类型的 FRA，以满足金融机构、投资机构以及企业的投资和对冲利率风险的不同需求。此外，这种变化型的远期合约在外汇市场上更流行，本书会介绍其他变化类型的外汇远期合约。

三、实践中的风险管理：案例

案例 3－1 介绍了如何使用 FRA 进行利率风险的控管。

案例 3－1：

为了对冲未来的利率上升，某银行向荷兰银行购买了 6 个月期的 FRA 合约，执行利率约定为某一天 LPR 的远期利率 3.5%（K）。浮动利率可以是 SHIBOR、LIBOR、CP rate、T－bill rate，或者 BA rate（银行承兑票据利率）等。因此，FRA 合约在该天的价值为 0。因此该银行签订的 FRA 合约是一份公允合同（见图 3－2）。

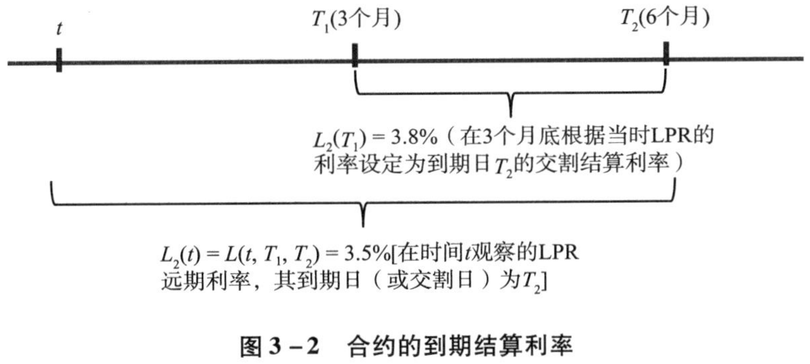

图 3－2　合约的到期结算利率

对冲结果：

无论未来 LPR 是上升还是下跌，该银行将 LPR 的利率锁定在 3.5%（即行权利率）。分析如下：

情况1:

如果LPR在调息日（$T_1=3$）上升到3.8%[$=L_2(T_1)$]，则FRA的到期收益为：

$L_2(T_1)-K=3.8\%-3.5\%=0.3\%$

该银行的实际借款利率为：

3.8%(市场利率)-0.3%(收益)=3.5%

此为合同签订时所锁定的执行利率（即行权利率）。

情况2:

如果LPR下降到3.1%，则FRA的损失为0.4%：

$L_2(T_1)-K=3.1\%-3.5\%=-0.4\%$

该银行的实际借款利率仍为3.5%：

3.1%(市场利率)+0.4%(损失)=3.5%

因此，无论LPR在未来是上升或是下降，该银行通过购买FRA合约均可将利率锁定在3.5%（执行利率）。

同样，为了对冲利率下跌的风险，金融机构和公司应该卖出FRA来锁定当前的收益水平（即以合约签约时的远期利率作为执行利率）。

四、FRA与IRS之间的关系

通过观察FRA合约在到期日的交割，FRA相当于单一期的IRS。从IRS的结构可以看出，它是由n个FRA合约组合而成。就是说，将n个执行利率相同的FRA合约组合就可以成为一个新合约，称为利率掉期IRS。

因为FRA合约用于对冲单一期的利率风险，IRS可被用于对冲多期的利率风险。举例如下：

案例 3－2：

一个一年期 IRS 是由三个 FRA 合约组合而成，其中有三个到期日分别为 6 个月、9 个月和 12 个月。

一个 IRS 可通过如下方式分解（见图 3－3）。

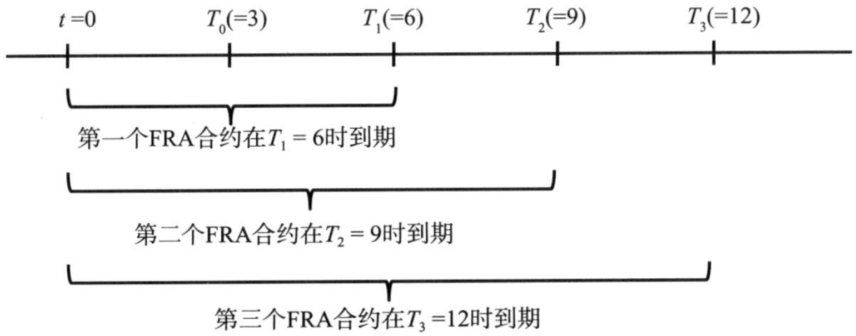

图 3－3　FRA 和 IRS 的关系

所以，三个 FRA 合约的组合就是一个 IRS 合约。

第四章 远期利率互换、可赎回与可卖回利率互换

一、远期利率互换与定价

远期利率互换（Forward Swap）的利率互换期不是在签约后的第一个互换期发生，而是在双方预先约定的未来某一个时期（远期）开始进行利率互换。比如，在签约后的第三个利率互换期才开始进行利率互换。其前面的两个互换期（第一和第二互换期）没有任何利率互换，可用图 4 - 1 解释。

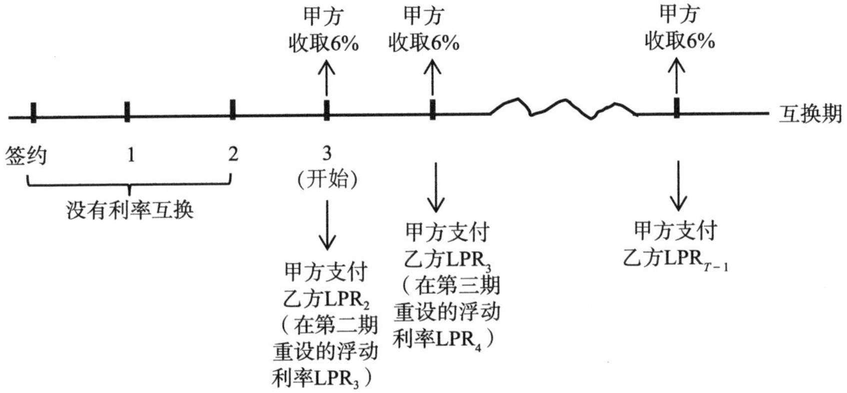

图 4－1　远期利率互换过程

案例 4－1：将浮动利率转换为固定利率

某企业预订 6 个月后才会发行的浮动利率（LPR）债券，而且预期 6 个月后的利率期限结构会呈现比较陡峭的趋势。因此与某银行签订一个 6 个月后生效的远期利率互换，从第 9 个月开始，每 3 个月利率互换一次：企业支付该银行 6.5% 的利率，并从银行收取 LPR 利率。如此，企业运用远期掉期将 LPR 利率转换为固定利率 6.5%。此时，互换利率 6.5% 的定价尚未反映 6 个月后利率曲线变为更陡峭的因素。因此，企业支付 6.5% 的利率会相对低。下面我们以图 4－2 表示这个互换过程。

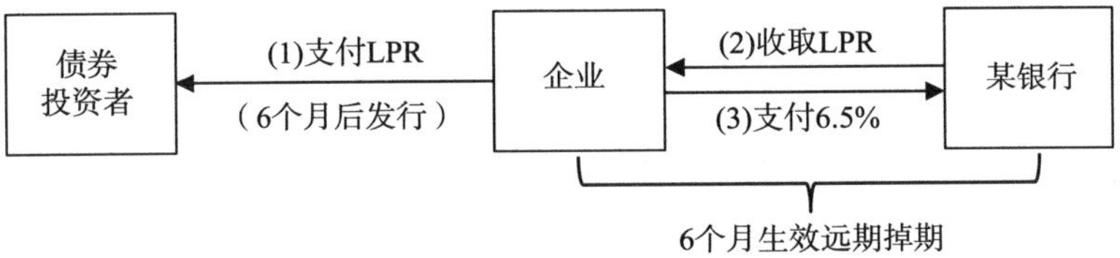

图 4－2　远期掉期利率互换过程

6 个月后企业净融资利率 = LPR + (6.5% − LPR) = 6.5%（将真正

的浮动利率债务通过掉期转换成为合成的固定利率债务)。

注：企业的掉期对手不一定是银行，也可以是另一家企业或金融机构。

二、现金交割的远期利率掉期

经由掉期双方的同意，远期掉期可以在掉期的远期生效日，比如本章图4－1的第3期，作现金交割结算。其现金交割价值为期初签约当时的掉期固定利率，比如是7%（$=S_0$），与远期生效日的实际掉期固定利率6%（$=S_1$）之利差的现值。即：

$$现金交割价值 = \sum_{t=1}^{8} \frac{0.5(S_0 - S_1) \times 100\text{ 万元}}{(1 + S_1)^t}$$

$$= \sum_{t=1}^{8} \frac{0.5(7\% - 6\%) \times 100\text{ 万元}}{(1 + 6\%)^t}$$

$$= \sum_{t=1}^{8} \frac{0.5\text{ 万元}}{(1 + 6\%)^t}$$

$$= 0.5\text{ 万元} \times 6.2098 = 3.1049\text{ 万元}$$

此处，0.5为每半年互换一次，共8期的互换；100万元为名义本金；S_0 = 合约签订时的掉期固定利率（7%），它是从签约时点起到掉期到期日内所有远期利率的加权平均利率［详见本书第七章第四部分的公式(7－1）和公式（7－2)］；S_1 = 掉期远期生效日起到掉期到期日内所有远期利率的加权平均利率（6%）。

因为掉期的甲方在期初收取的固定利率是7%，但在远期生效日实际收取的固定利率是6%，则甲方每一个互换期少收了1%（对甲方不利)。因此，在远期生效日，甲方的掉期经纪商应支付现金31049元给甲方。如果在远期生效日的实际固定利率是8%（对甲方有利），则甲方应该在远期生效日支付1%的现值给经纪商。但是，在实务上，在远期生效日现金交割价值的多少必须经由掉期双方协商同意，尤其是双方必须同意所使用的远期利率曲线，甚至会涉及评估掉期固定利率方法的双方。

采用现金交割的好处在于掉期的违约风险止于远期生效日，但是普通掉期的违约风险，是从签约日起一直到合约的到期日为止。

三、运用可赎回掉期将可赎回债券转换为无赎回权债券：降低融资成本

可赎回利率互换经常运用于将可赎回债券（或债务）转换成为合成的不可赎回债券（Synthetic Noncallable Bonds）的过程。因此，债券发行公司可以获得比较低的固定利息成本。举例如下：

案例4－2：

某企业以年收益率5.40%发行10期可赎回公司债，同时，若利率下跌，企业有权利于债券发行5年后以票面金额赎回该债券。该企业需多支付高于同等无赎回债券20个基点（bps）的收益率，以取得赎回权（Callable Right）。也就是，企业以多出20bps的收益率向投资者购买一个可赎回债券的期权（此时无赎回权债券的收益率为5.20%）。

同时，该企业与一个互换对手（银行、互换经纪商）签约一个可赎回的利率互换（Callable Swaps）：该企业按期支付LPR利率给互换对手，并从对手收取5.60%的收益，即银行愿意给企业支付比市场利率高出40bps的利率以取得掉期的赎回权（40bps = 5.60% − 5.20%）。这个互换就是可赎回利率互换。

此外，企业又进入了另一个新的利率互换。如此，企业可获得更低的固定利息成本 5.0%。所以，企业买入债券赎回权（Call），也卖出了可终止掉期的期权（给银行），并进入另一个新的掉期合约，以取得较低的固定利率 5.0%。

以上三个步骤可由图 4－3 解释。

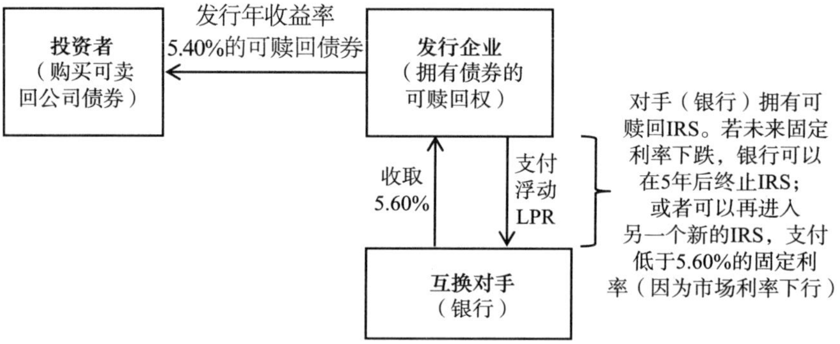

图 4－3　可赎回利率互换过程

解释：

（1）当时一般 IRS 的每年固定利率为 5.20%（称为互换利率，即 Swap Rate）。所以，IRS 的互换对手（银行）愿意多支付 40bps 给企业，以取得 5 年后可终止 IRS 的权利。

（2）企业发行可赎回债券加上与银行进入一个可赎回 IRS，这个组合的净利息成本 = LPR − 5.60% + 5.40% = LPR − 0.20%。

（3）为改变企业的利息成本，由浮动利率转为原来的固定利率（见图 4－4），企业可以实施一个新的 IRS（Vanilla IRS）。

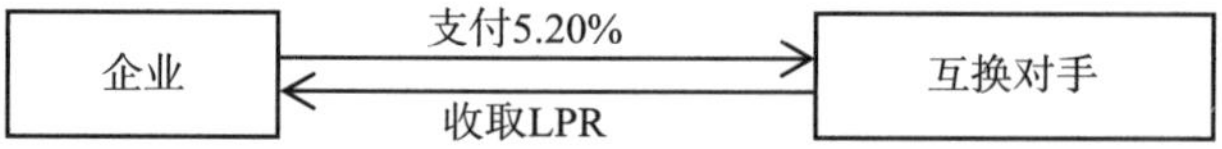

图 4－4　企业利息由浮动利率转为固定利率

最终，企业的利息成本变成更低的固定利息成本5.0%：

5.20%（支付）－LPR（收取）+（LPR－0.20%）=5.0%＜5.40%（原来融资成本）

（4）因为公司的净利息成本比同类债券的利息成本低，企业原来发行的可赎回债券，就没有必要去赎回。如此，形同一个合成的不赎回债券。以公式表示如下：

可赎回债券+可赎回利率互换+普通型的利率互换=低利息成本的合成无赎回权的债券

“可赎回掉期+可赎回债券”的最终情况：

（1）若债券发行后5年，市场利率下跌，银行会认为支付给企业的利率5.6%太高了，决定终止IRS，则企业也会赎回债券。企业还剩下一个掉期［上面解释内第（3）项的IRS］，支付5.20%的利率，低于原来可赎回债券的5.40%，而且还收取LPR利率。

（2）若在5年后，市场利率上行（或持平），银行没有终止IRS，而企业也没有赎回债券，则企业相当于享有了一个10年期无赎回权的债券，净融资利率为更低的5.0%。

四、掉期与债券市场对可赎回权的不同定价：套利机会

债券的可赎回权（Call），是企业（债券发行者）向债券投资者买入赎回权，应该支付期权费用（或权利金）给债券投资者。但是，这个权利金是通过支付给债券投资者比较高的票息（5.4%）实现的，比没有赎回权债券的票息（5.20%）高出20bps。就实证结果而言，这个多出20bps的票息是被低估了。这是因为企业对可赎回债券的赎回时点并不是很确定，失去了最优化的赎回时点，或者最优化的赎回价格。因此，债券投资

者对赎回权的定价也受到影响，从而形成对赎回权（Call）定价的错误（被低估的定价）。

在掉期方面，Z 银行为了取得 IRS 的赎回权（Call），支付固定利率 5.6%给企业，比无赎回权 IRS 的固定利率（5.20%）多付了 40bps。在债券方面，为了取得债券的赎回权，企业只多付了 20bps 给债券投资者；而在掉期方面，掉期经纪商（Z 银行）则必须多支付 40bps 给掉期对手（企业）。所以，对赎回权的定价，掉期市场的定价显然高于债券市场的定价。因为债券市场与掉期市场对可赎回的产品进行了不同定价，这样才会有套利的机会，运用掉期将债券最终的融资成本转换为比较低的固定成本。套利的活动会将这两个市场进一步整合在一起，导致套利的空间变小，但是市场的无效率定价时有发生，所以仍有套利的机会。

五、运用可卖回掉期转换可卖回债券为无卖回权的浮动利率债券，以降低融资成本

可卖回利率互换经常运用于将可卖回债券（或债务）转换为合成的不可卖回债券（Synthetic Nonputtable Bonds）的过程，因此，债券发行公司可以获得比较低的利息成本。举例如下：

案例 4-3：

BG 企业以年收益率 6.20% 发行 10 期可卖回公司债，若利率上涨，投资者有权利于债券发行 5 年后以票面金额卖回该债券。因此，投资者愿意采取同等无卖回权债券的低 30 个基点（bps）的收益率，以取得卖回权（Puttable Right）。也就是，投资者以减少 30bps 的收益率向企业购买一个可卖回债券的期权（此时无卖回权债券的收益率为 6.50%）。

同时，BG 企业与一个互换对手（Z 银行、互换经纪商）签了一个

可卖回的利率互换（Puttable Swaps）：BG 企业按期支付 LPR 利率给互换对手（Z 银行），并从对手收取 6.40% 利率，即 Z 银行以比掉期利率低 20bps 的利率接受企业对掉期的卖回权（20bps = 6.60% - 6.40%）。这个互换就是可卖回利率互换（6.60% 是当时的掉期利率）。所以，企业卖出债券卖回权（Put）给投资者，也向 Z 银行买入了可终止掉期的期权（借此，Z 银行少付给企业 20bps，以作为权利金的收入）。

以上两个步骤可用图 4-5 解释。

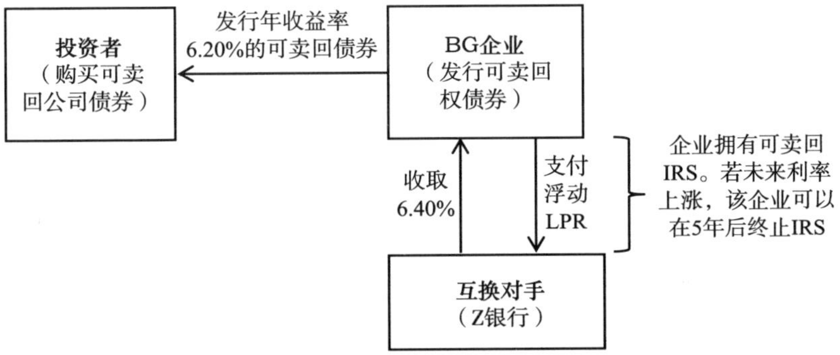

图 4-5　可卖回利率互换过程

解释：

（1）当时一般 IRS 的每年固定利率为 6.60%（或称为互换利率，Swap Rate），所以，BG 企业愿意从 Z 银行少收取 20bps，以取得 5 年后可终止 IRS 的权利。

（2）企业发行可卖回债券加上与 Z 银行进入一个可卖回 IRS 组合，这个组合的净利息成本 = LPR - 6.40% + 6.20% = LPR - 0.20%（浮动利率）。

"可卖回债券 + 可卖回掉期"的最后融资成本：

（1）若 5 年后的利率低于可卖回债券的收益率 6.20%，投资者不会将债券卖回给企业，而企业也不会终止掉期。从第 6 年到第 10 年，企业的融资成本为（LPR－0.20%），这是低于6.20%的融资成本。比如，若当时的LPR＝6.0%，则融资成本＝6.0%－0.20%＝5.8%，比原来的6.20%低了40bps。LPR越低，企业的最终融资成本越低。在这种情况下，这个可卖回债券就变为一个合成的没有卖回权的债券。

（2）若5年后的利率高于债券的收益率（6.20%），比如7%，则投资者会以票面金额卖回债券给企业，并重新投资资金，获得7%的收益率；而企业也会向Z银行终止掉期。

（3）在前5年内的债券闭锁期（即不可以卖回债券），企业的净融资利率是浮动利率（LPR－0.20%）。只要LPR利率等于或小于6.40%，则企业的净融资成本仍然等于或小于原来的债券收益率6.20%（＝6.40%－0.20%）。如果在债券闭锁期内，LPR利率高于6.40%，则企业的净融资利率会高于原来的债券的利率6.20%。企业在发行可卖回债券之前，一定会考虑在债券闭锁期内的利率是持平或者是小幅下行（或者只是小幅上涨）。这样，企业才能获得比较低的净融资利率。

注：在这个案例内，我们没有另外加上一个新的掉期，是因为这个掉期的加入并不会获得比较低的固定利率成本。

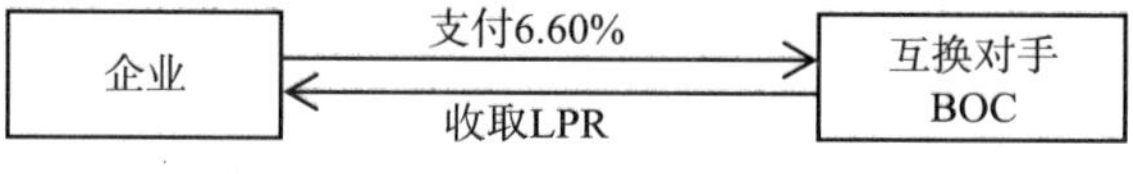

图4－6 “可卖回债券＋可卖回掉期”的成本

则：净利息成本＝(LPR－0.20%)＋(6.60%－LPR)

＝6.40%＞6.20%（原来债券利息）

最后，加上这个掉期的最终融资成本是6.4%，高于原来的融资成本6.2%，没有好处。

六、可赎回与可卖回债券产品定价模型

可赎回与可卖回债券产品的定价没有公式解（或封闭解）。但可以运用 Hull – White 利率三叉树模型去定价或者比较简单的利率二叉树[①]。

---

① 关于利率二叉树，请参阅本书作者的书《固定收益证券与衍生品》第十九章和第二十章，机械工业出版社。关于三叉树，请参阅作者的另一本书《利率与债券结构式产品创新：驱动金融科技创新》第二章和第三章，中国财政经济出版社 2022 年版。

第五章
敲入型与敲出型利率互换

一、合约的定义与类型

敲入型利率互换是一种附有条件的利率互换（IRS）。在互换双方签约后，若标的利率（如 3 个月期上海银行间拆借利率，3m LPR）在未来的任何一个营业日触及预先约定的限界（或障碍，Barrier）利率时，IRS 合约才会正式生效，合约双方正式进入利率互换。

若合约规定，标的利率往上触及限界利率才开始生效，此种 IRS 称为往上敲入利率互换（Up - And - In Swap，或称 UAI 利率互换）；若规定标的利率往下触及限界利率才开始生效，则往下敲入利率互换（Down - And - In Swap，或称 DAI 利率互换）。一旦利率互换敲入（或正式生效）后，不管标的利率日后下跌低于或上升高于限界利率，利率互换一直生效，直到到期日。

二、往上敲入型利率互换

案例 5－1：

浮动利率的借款者可以运用往上敲入型利率互换（UAI 利率互换）来锁住未来利率上升的利息成本，比如 6%（限界利率，也是互换期内的互换率）。因此，可以获得利息成本降低的好处。图 5－1 表示得更清楚。

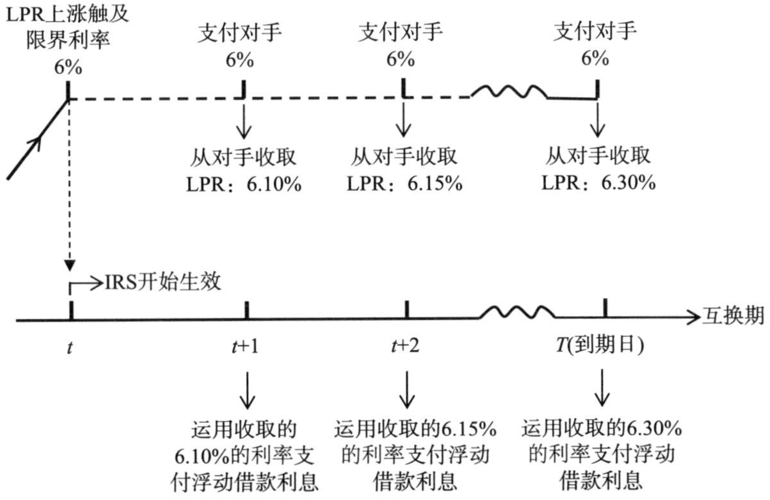

图 5－1　往上敲入型利率互换过程

当利率上涨触及限界利率 6%，利率互换立即生效，即使 LPR 利率上涨，从 6.10%、6.15% 至 6.30%，浮动利率的借款者仍然可以每一期只支付 6% 的利息。所以，运用 UAI 掉期有效地将浮动利率债务转变为一个合成的固定利率债务。

三、往下敲入型利率互换

案例 5－2：

浮动利率收入的贷款者（或投资者）可以运用往下敲入型利率互换（DAI 利率互换）来锁住未来利率下跌的利息收入。比如，锁住贷款利息为 3.5%（限界利率）。如此，贷款者可获得最低可接受的利息收入。图 5－2 表示得更清楚。

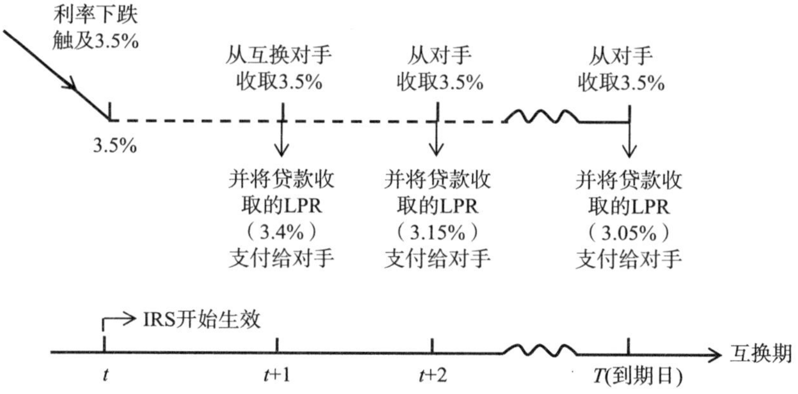

图 5－2　往下敲入型利率互换过程

当利率下跌触及限界利率 3.5% 时，利率互换立即生效。即使 LPR 利率下跌，从 3.4%、3.15% 至 3.05%，浮动利率的贷款者仍然可以获得每一期 3.5% 的利息收入，即浮动利率的贷款收入转变为合成的贷款固定收入。

注：

（1）敲入型利率互换的权利金（Premium）一般是在互换合约签订时，由借款者（或贷款者）支付给互换对手（商业银行或互换经纪商）。

权利金的支付也可以在互换合约的有效期内分期支付。

（2）设定的限界利率可以不同于标的利率，比如，标的利率为LPR，限界利率为Libor利率或国库券的收益率。

（3）敲入型利率互换与利率互换期权（Swaption）不同。后者允许期权的持有者在期权到期时，有权决定是否要与互换对手进行一个利率互换合约。

（4）每一期浮动利率的设定可以为：每一个互换期前两个营业日的浮动率作为当期的应支付或收取的浮动利率，或者也可以每一个互换期的期初浮动利率作为该期期末应支付或收取的浮动利率。此外，浮动利率也可以加上一些基点（bps），比如3m LPR +50bps。

四、敲入型利率互换的定价

敲入型利率互换可以推导出公式解的定价模型，其中会涉及第一触及限界（往上敲入或往下敲入）时间的概率。其定价推导简单①。

五、永久敲出型利率互换

案例5-3：

一个永久敲出型利率互换（PKO利率互换）是一种附有一个敲出

① 读者可参阅作者的书《利率衍生品设计原理与应用》第12章中关于IRS的定价理论部分，机械工业出版社；《金融工程学与金融创新科技》第33章中关于第一触及时间概率的论述部分，中国财政经济出版社2018年版。

条款的利率互换，即在有效期内，只要标的利率往上敲出（或触及）预先约定的利率，比如5.7%（或称执行利率或限界利率），互换合约立即终止。它的使用者是浮动利率的借款者，借款者认为未来的标的利率会有小幅的变动，而大幅上升的概率低。因此，他可接受合约被往上敲出而失效的风险。负担此风险可换取支付低于对应市场交换率（Market Swap Rate）的固定利率，比如，在每一个互换期支付固定利率5.0%给互换对手，而当时市场交换率为5.20%，并从互换对手中收取LPR。每一期的互换过程可用图5-3表示。

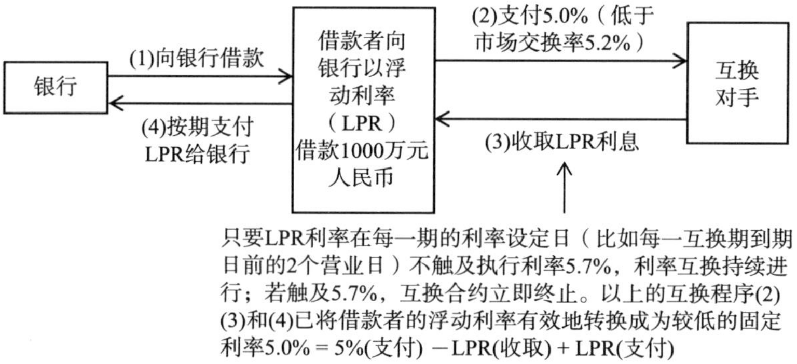

图5-3　永久敲出型利率互换过程

注：

（1）执行利率（或敲出限界）可以设计为随时间往上调整，呈现阶梯式的几个敲出限界。

（2）敲出型的利率互换一般不要求在期初支付权利金，即使需要支付权利金，也会很低。

六、定期敲出型利率互换

案例 5 -4：

浮动利率借款者认为未来的利率可能持平，或许不会上升高于某一个利率水平（比如5.7%，并以5.7%作为合约的敲出利率），因此，他不愿意进入（或签约）一个普通的利率互换合约。但他愿意签订另一种利率互换合约，允许他在未来将支付的浮动利率转换成为支付较低的固定利率（比如5%），于是借款者决定与互换对手签订一个定期敲出型利率互换（Periodic Knock - Out Swap）合约。在此合约下，双方约定在未来利率互换有效期内的利率互换条件如下：

情况 1： 若标的利率没有上升触及敲出利率 5.7%，则借款者支付给互换对手固定利率 5.0%（低于对应的市场交换率 5.2%），并从互换对手收取浮动利率，将此浮动利率支付给银行（贷款者）。

情况 2： 若标的利率在某一个利率互换期上升触及敲出利率 5.7%，则借款者由支付固定利率 5.0% 被敲出，转为支付“浮动利率 + 10bps”。在这种情况下，借款者的利率又回到浮动利率，而不是固定利率 5.0%。这是他所要承担的风险，因此他可获得低于市场交换率 5.2% 的固定利率 5.0%。图 5 -4 表示的是第二种情况。

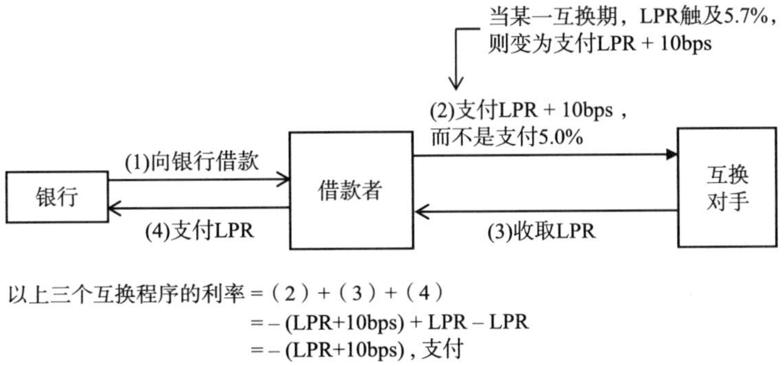

图 5 -4　定期敲出型利率互换过程

七、敲出型利率互换的定价

对于永久型与定期敲出型的利率互换（IRS）的定价公式，可以根据前文提到的作者的两本书内的论述推导获得（简单，并不难），在此不再赘述。

第六章
期末调息掉期与区间式掉期

一、期末调息掉期的意义

一般利率掉期（IRS）的浮动利率 LPR 是在每一个互换期 $[t-1,t]$ 期初根据市场利率 LPR_{t-1} 调息（称为前置 LPR），而后在该期期末与固定利率 K 进行互换交割结算，以时间序列来表示更清楚（见图 6－1）。

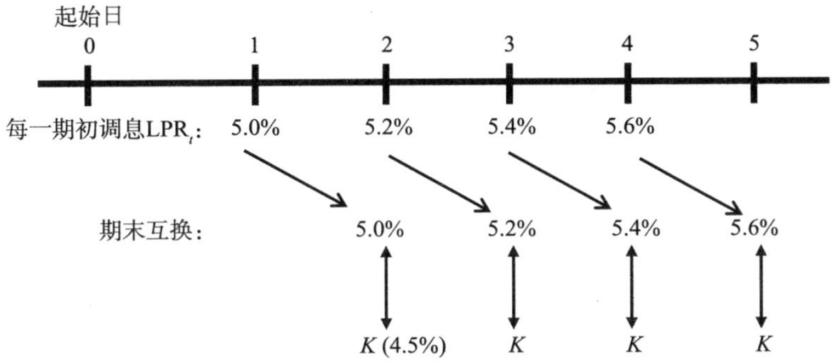

图 6－1　期初调息期末与固定利率进行互换交割结算

解释如下：

在［1，2］期末，互换交割结算是 $LPR_1 - K = 5.0\% - 4.5\% = 0.5\%$，$K = 4.5\%$

在［2，3］期末，互换交割结算是 $LPR_2 - K = 5.2\% - 4.5\% = 0.7\%$

在［3，4］期末，互换交割结算是 $LPR_3 - K = 5.4\% - 4.5\% = 0.9\%$

在［4，5］期末，互换交割结算是 $LPR_4 - K = 5.6\% - 4.5\% = 1.1\%$

每一期的利率互换都是在该期期初调息的利率 LPR_{t-1} 调息，而后在该期期末 t 进行利率互换的交割结算：$LPR_{t-1} - K$。这就是期初调息（称为前置 LPR）在期末互换的掉期，它是常见的利率互换（Reset in Advance, Paid in Arrears）。

但是，另外一种掉期不是在每一期的期初调息，而是在每一期期末调息（称为后置 LPR），并在期末进行利率互换交割。以时间序列表示如图 6-2 所示。

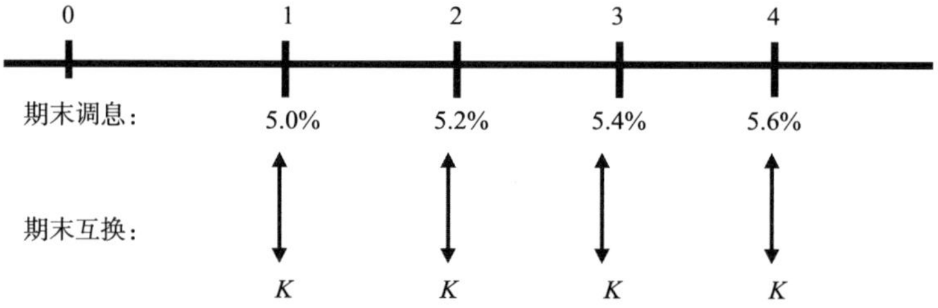

图 6-2　期末调息期末进行利率互换交割

解释如下：

在［0，1］期末调息利率是 5%，并在第 1 期期末互换交割：$5\% - K$

在［1，2］期末调息利率是 5.2%，并在第 2 期期末互换交割：$5.2\% - K$

在［2，3］期末调息利率是 5.4%，并在第 3 期期末互换交割：$5.4\% - K$

在［3，4］期末调息利率是 5.6%，并在该期末互换交割：$5.6\% - K$

上面介绍的期末调息并在期末互换的掉期称为期末调息掉期（或称为

后置掉期，Arrears 或者 Reset in Arrears & Paid in Advance）。期末调息掉期（后置掉期）设计的目的是要运用市场利率上行或下行的速度比远期利率曲线所显示的（远期）利率上行或下行的速度还要快的情况下，会导致掉期的固定利率未能即时反映快速上行或下行的利率。因此，掉期固定利率呈现出被低估或高估的现象。运用被低估的掉期固定利率可以降低（或节省）融资成本，而运用被高估的掉期固定利率可以获得比较高的投资利息收入。举例介绍如下：

二、利率上行与期末调息掉期：降低融资成本和增加利息收入

案例 6－1：降低融资成本：市场未能及时调整固定利率

根据目前远期利率曲线的现况而定价的掉期固定利率为 6.0%。某企业财务经理认为未来利率上行的速度比远期利率曲线所呈现的上行速度要快，因此，目前的掉期固定利率 6.0% 仅反映目前的远期利率曲线，尚未将未来利率会比较快速上行的效应导入掉期固定利率的定价中。因此，6% 的固定利率被低估了。于是财务经理与 ZG 银行协议签订一笔 3 年期的期末调息掉期，每 3 个月进行利率互换一次，将企业的目前浮动利率 LPR 转换为固定利率 6%（目前是被低估）。为了方便说明，假设根据财务经理的判断，在比较快速上行的利率走势下，掉期固定利率应该是 6.3%，但是，市场尚未及时调整，仍然是 6%。于是财务经理运用掉期将原来支付 LPR 利率的债务转换为固定利率 6% 的债务，无形中节省了融资成本（0.3% 的利率），而且在未来 LPR 利率快速上升之前，原债务已转换为较低固定利率的债务。

对于投资的利息收入，在利率下行的速度比较快时，应该赶快运

用掉期将浮动利率转换为固定利率，因为此时的固定利率仍未即时反映未来快速下行的利率。所以，应该锁定现在比较高的固定利率，增加利息收入。

案例6－2：增加投资利息收入

当利率上行的速度比较快时，运用期末调息的掉期可以增加每一期的投资利息收入。债券投资经理可以运用这种掉期将固定利息收入转换为后置浮动利息收入。在期末调息下，它会比一般的IRS的利息收入多。表6－1可以证明。

表6－1　IRS与期末调息掉期的利息收入比较

期间（月）	IRS LPR（%）	期末调息掉期（%）LPR（后置LPR）	期末调息掉期－期初调息掉期
0～3	6.0	6.25（在3个月底调息）	+0.25
3～6	6.25	6.50（在6个月底）	+0.25
6～9	6.50	6.75（在12个月底）	+0.25
9～12	6.75	7.0	+0.25
12～15	7.0	7.25	+0.25
15～18	7.25		
…			

观察表6－1得知，在利率上行比较快的情况下，期末调息掉期在每3个月一期的利率互换时，收取的后置浮动利率会比一般的IRS的前置利息收入高出25bps。每一期高出25bps的现金流量现值是不可忽视的（会很大），特别是当名义本金很高时，其现金流量的现值会更高。在案例6－2的利率上行情况下，后置互换对手（或经纪商）支付的后置浮动利率会比前置互换对手还要高，因此，后置互换对手会要求收取的固定利率会比前置互换的固定利率要高。

三、利率下行与期末调息掉期：降低融资成本和增加利息收入

案例6－3：降低融资成本

当利率下行的速度比较快时，运用期末调息的掉期更可以降低每一期的融资成本。企业（或银行）可以运用这种掉期将固定利率的债务成本转换为浮动利率的融资成本。在期末调息下，这个成本比一般的IRS的融资成本低，如表6－2所示。

表6－2　IRS与期末调息掉期的融资成本比较

期间（月）	IRS：LPR（%）	期末调息（%）：LPR（后置LPR）	期末调息－期初调息（%）
0～6	7.30	7.0（在6个月底调息）	－0.30
6～12	7.0	6.70（在12个月底调息）	－0.30
12～18	6.70	6.40（在18个月底）	－0.30
18～24	6.40	6.10	－0.30
24～30	6.10	5.80	－0.30
30～36	5.80		

观察表6－2得知，在利率下行比较快的情况下，期末调息掉期在每6个月一期的利率互换时，支付浮动利率的融资成本会比采用一般的IRS支付浮动利率的融资成本减少30bps。每6个月一期节省30bps的现金流量现值还是很大的，特别是当名义本金很高时，节省下来的融资成本金额（现值）会相当可观。

在案例6－3利率下行的情况下，后置互换对手（或经纪商）收取的未来浮动率比前置互换对手低，因此，后置互换对手会要求支付比较低的固定利率给企业（银行）。

四、后置 LPR 与前置 LPR 互换：类似基差互换

类似于基差互换（Basis Swap），在利率互换市场也经常出现后置 LPR 与前置 LPR 的互换，举例如下：

案例 6－4：（后置 LPR－25bps）与前置 LPR 利率互换（见图 6－3）

投资者（或其他机构）每一期（3 个月或 6 个月），从互换对手收取（后置 LPR－25bps），并支付对手前置 LPR。此案例适用于正斜率的收益率曲线，并预期隐含远期利率会连续高于现在的收益率曲线。因此，当后置利率上升的幅度高于 25bps，投资者可以获利。

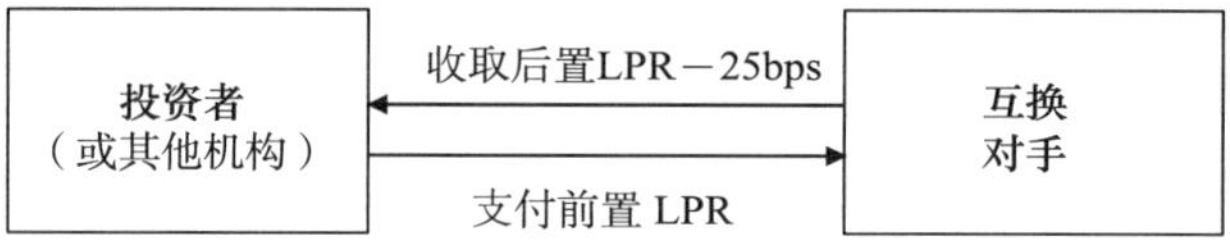

图 6－3　与前置 LPR 利率互换

案例 6－5：（前置 LPR＋30bps）与后置 LPR 利率互换（见图 6－4）

投资者每期从互换对手收取（前置 LPR＋30bps），并支付对手后置 LPR。此案例适用于利率下行或负斜率的收益率曲线，并预期隐含远期利率会连续低于现在的收益率曲线。因此，只要当利率的递减幅度低于 30bps，投资者就可获利。

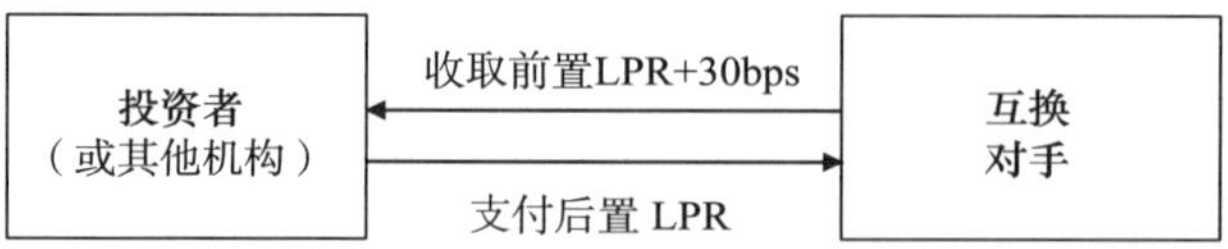

图 6－4　与后置 LPR 利率互换

五、区间型掉期：案例分析

区间型掉期（Digital Swap 或称 Corridor Swap）是将利率区间型期权导入掉期内的浮动利率。也就是，将浮动利率拆分成为不同区间的浮动利率，而且在每一区间内支付或收取浮动利率的高低须视浮动利率落入区间内的实际天数而定。比如，在一般的 IRS 下，收取固定利率 6.25%，并支付 3 个月期的 LPR，但在区间型掉期下，支付的 LPR 不是在每一个互换期内全部支付，而是要看 LPR 落于某一个区间内的实际天数而定，落入区间内的实际天数越多，所支付的利息越多。举例如下：

案例 6-6：区间型掉期：支付区间浮动利率

每 3 个月一期：收取 6.25%，

支付（3 个月 LPR）$\times \frac{N}{365}$，若 $6\% \leqslant LPR \leqslant 9\%$

此处：N 代表每 3 个月期间内，LPR 利率落入[6%，7%]区间的实际天数。若 $N=82$ 天，则支付的利息 $= LPR \times \frac{82}{365} = 0.225 \times LPR$。

设定的区间越大，LPR 落入区间内的实际天数越多，支付的利息越多；反之，则支付的利息越少。此外，当 LPR 的波动率小时，落入区间内的实际天数会比较多，这时支付的利息会比较多。若利率波动率高时，N 会比较小，支付的利息会比较少；若波动率更高时，有可能 $N=0$，则利息支出也变为零。此外，对收取区间利息的对手而言，上面的结论刚好相反。

案例6－7：每一个互换期都设有各自的利率区间

第一期：收取6.2%

支付（3个月LPR）×$\frac{N}{365}$，若6%≤LPR≤6.3%

第二期：收取6.2%

支付（3个月LPR）×$\frac{N}{365}$，若6.10%≤LPR≤6.4%

第三期：收取6.20%

支付（3个月LPR）×$\frac{N}{365}$，若6.20%≤LPR≤6.6%

第四期：收取6.20%

支付（3个月LPR）×$\frac{N}{365}$，若6.30%≤LPR≤6.7%

当每一期的利率区间越大时，落入区间的天数也越多，支付的利息也会越多。这种区间扩大的设计，对收取区间利息的对手相当有利，收入更多利息的概率比较高①。

六、期末调息掉期的定价

详见本书作者的书《利率衍生品设计原理与应用》第十三章第二节（机械工业出版社出版）。

① 关于利率区间型结构式产品的设计，读者可参阅本书作者的书《结构式金融产品设计与应用》第一和第二册，机械工业出版社；《利率与债券结构式产品创新》，中国财政经济出版社2022年版。

第七章
互换利率、CMS 掉期与基差掉期：定价与实务案例

一、互换利率的来源与其经济意义

互换利率（Swap Rate）与利率掉期的定价有密切的关系。我们首先介绍 IRS 的定价，然后再解释 CMS 利率的来源和其经济意义。IRS 的定价是要决定掉期内的固定利率（比如支付或收取 4.5% 的利率）。这个利率是一个公允利率（Fair Rate），掉期合约在初期签订时，该利率下，未来的净现金流量（收入 - 支付）的期望现值等于零。这样，掉期双方在期初都处于公平的地位（不盈也不亏）。这个公允的利率称为掉期利率（或互换利率）。

二、CMS 互换利率的实务经济意义

首先我们解释一下固定期互换利率（Constant - Maturity Swap Rat，简称 CMS 互换利率，或 CMS 掉期利率）的来源与经济意义。

CMS 互换利率，是指一个固定到期日利率互换内的固定利率，比如 5 年期利率互换内的固定利率称为 5 年期互换利率。在 5 年期互换协议签订时，这个互换利率有市场的合理报价，它是一个公允利率，能使互换协议在签订时，掉期双方都是公平的。所以，在签约时，它由定价来决定。但是，掉期经纪商在报价时，利率为 5 年期国库券收益率加上信用利差。因此，在合约签订时，该利率是已知且是固定的，但它会随着时间随机变动。今天 5 年期互换合约签订时所用的固定利率，就是今天的 5 年期互换利率。明天新签订 5 年期相同特征的互换协议时，所用的固定利率，就是明天的 5 年期互换利率，但一定会不同于前一天的 5 年期互换利率。这个 5 年期互换利率会随着每一天的短、中、长期利率曲线的变动而随机变动。所以，这个 5 年期互换利率能够捕捉 5 年期掉期合约未来 5 年内短、中、长期利率整体变动的综合影响，也就是，它是捕捉 5 年内所有远期利率综合影响的一种利率指标。依次类推，可解释 2 年期、5 年期、10 年期或 30 年期互换利率的来源与其经济意义。这些不同的固定期互换利率（称为 CMS 互换利率）构成了不同期限的利率指标。最流行的 CMS 互换利率是 2 年期、5 年期、10 年期和 30 年期的 CMS 互换利率。

注： 经纪商报价 CMS 互换协议内的 CMS 固定利率，等于对应相同有效期的国库券收益率加上掉期信用利差。比如，10 年期 CMS 固定利率等于 10 年期国库券收益率 CMT 加上掉期信用利差。

三、CMS 互换（掉期）的定义

最基本的 CMS 互换协议是固定利率这一边（Fixed Leg）改用固定期 CMS 互换利率，则互换合约就成为 CMS 互换合约。但在每一个利率互换期，CMS 互换利率（或称 CMS 利率），在掉期有效期内是固定的；而另一边，浮动利率 LPR 是在每期期初重新设定，并用于该期末结算交割。因此，每一期互换交割日都是浮动利率 LPR 与固定期 CMS 利率来互换，就称为 CMS 互换协议。

四、CMS 互换利率的定价：案例

关于 CMS 互换利率的定价，有兴趣的读者可参阅作者的另外两本书《利率衍生品设计原理与应用》第十二章以及《固定收益证券与衍生品》第十八章。此外，CMS 互换协议内的固定利率定价原理与一般利率互换协议内的固定利率定价原理相同。为了帮助读者更清楚地了解互换利率的定价，我们举例如下：

假设市场交易没有交易成本、税负和其他交易摩擦成本，没有违约风险和无套利机会，则公平合理的掉期固定利率称为互换利率（Swap Rate），或称为掉期利率，它是均衡互换利率。互换利率的定价公式如下：

$$S(t) = \frac{P(t,T_0) - P(t,T_n)}{\sum_{k=1}^{n} \delta_k P(t,T_k)} \tag{7-1}$$

$$= \sum_{k=1}^{n} W_k \cdot L_k(t) \tag{7-2}$$

此处：

$W_k = \delta_k P(t,T_k) / \sum_{k=1}^{n} \delta_k P(t,T_k)$，它是第 K 期远期利率的权重。

$L_k(t)$ = 在期初 t 所观察到的第 K 期远期利率；它是在 T_{k-1} 期设定（或调息）的利率，并在该期末 T_k 作为结算交割的利率，也就是在 $[T_{k-1}, T_k]$ 期的远期利率。

$P(t,T_k)$ = 在期初 t 零息债券的价格，其到期日为 T_k，它是从时点 t 到 T_k 之间的折现因子。

t = 合约签订日，T_0 = 第一次调息日期，T_n = 合约到期日

δ_k = 每一个互换期的年化率。比如，每半年期互换一次，则 δ_k = 0.5 年。

公式（7-1）说明互换利率 $S(t)$ 是由掉期有效期内所有的零息债券价格来决定的，而零息债券价格是由掉期有效期内所有的远期利率 $L_k(t)$ 来决定。因此，互换利率 $S(t)$ 也由远期利率曲线来定价。若每一个互换期的间距 δ_k 都不同，公式（7-1）和公式（7-2）同样可适用。

注：

互换利率 $S(t)$，是指能够使普通型（或正规型）掉期在期初定价时的期望价值为零的利率。这个互换利率是公允的利率，而且这个掉期才是按市价的掉期，但它不适用于非普遍型（或非正规型）的掉期；否则会产生定价的误差（详见本章第七个问题）。

此外，公式（7-2）说明互换利率 $S(t)$ 也可以由掉期有效期内所有远期利率的加权平均利率来决定。公式（7-2）更清楚地说明了掉期利率是由有效期内的远期利率曲线来定价的。同时，当第一次调息日同时设定在合约签订日 t 时，即 $T_0 = t$，公式（7-1）内的分子 $P(t,T_0) = P(t,t) = 1$。在这种情况下，公式（7-1）和公式（7-2）都等于支付固定利率端的掉期一方所发行的平价债券的收益率（y），而且每期票息为 $100 \times S(t)$，债券本金为 100 元，或者 $y = S(t)$。

我们举例说明 1 年期互换利率［即 1y（年）CMS］的定价：

案例 7－1：

假设利率互换期为 1 年，每 3 个月利息互换一次（$\delta_k=0.25$）。根据市场 3m LPR 利率曲线可以观察得到远期利率（见图 7－1）：

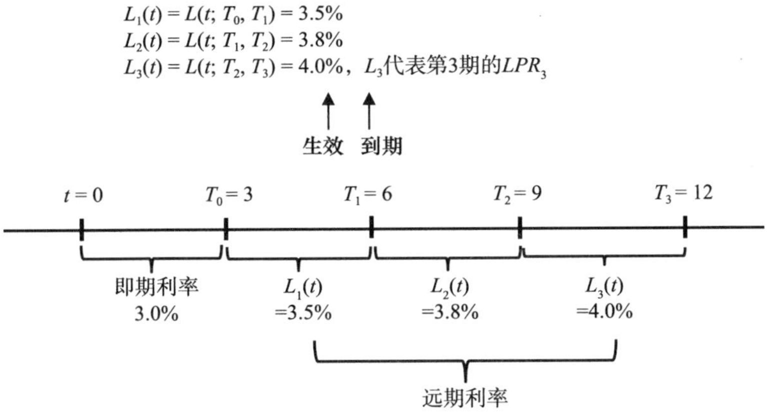

图 7－1　远期利率

定价所需要的零息债券，可根据上面的远期利率来计算：

$$P(t,T_0)=\frac{1}{1+\frac{1}{4}\times 0.03}=0.993$$

$$P(t,T_1)=\frac{1}{\left(1+\frac{1}{4}\times 0.03\right)\left(1+\frac{1}{4}\times 0.035\right)}=0.984$$

$$P(t,T_2)=\frac{0.984}{\left(1+\frac{1}{4}\times 0.038\right)}=0.975$$

$$P(t,T_3)=\frac{0.975}{\left(1+\frac{1}{4}\times 0.04\right)}=0.965(n=3)$$

由公式（7－1）可知，1 年期互换利率为：

$$
\begin{aligned}
S(t) &= \frac{P(t,T_0) - P(t,T_3)}{\delta[P(t,T_1) + P(t,T_2) + P(t,T_3)]} \\
&= \frac{0.993 - 0.965}{0.25 \times (0.984 + 0.975 + 0.965)} \\
&= \frac{0.028}{0.731} \approx 3.83\% \text{（四舍五入）}
\end{aligned}
$$

互换利率为 3.83%，这个互换利率才能使利率互换协议在起始日的价值为零，即 $IRS(t) = 0$，所以利率互换合约才是一个公平合理的利率互换交易。运用 1 年内的远期利率计算出来的互换利率就是 1 年期互换利率，若运用 5 年内所有的远期利率计算出来的就是 5 年期互换利率。

若我们运用公式（7-2）来计算 $S(t)$，仍然可获得同样的结果 3.83%：

$W_1 = 0.336, W_2 = 0.332$（四舍五入），$W_3 = 0.332$，$\sum_{k=1}^{n} P(t,T_k) = 2.933$。然后，$W_k$ 各乘以其对应的 $L_k(t)$，加总起来就是 3.80%。

五、利率掉期定价的经济意义

关于掉期利率定价的经济意义，早期就由具有洞察力的几位学者提出，比如 Smith、Smithson 与 Wakeman（SSW，1986 和 1988），以及 Sundaresan（1991）。他们认为，在完美市场的条件下（详见本章第四个问题），掉期利率是等于支付固定利率端掉期对手的对等期限平价债券的收益率。这个定价的经济意义可以运用一个复制投资组的未来现金流量来复制支付固定端掉期对手的掉期未来现金流量。这个掉期对手（称为 B）需支付固定利率，并收取浮动利率（LPR），如图 7-2 所示。

复制组合每一期支付债息 r，并取得浮动利率收入（$L_0, L_1, L_2, \cdots, L_{N-1}$），而掉期是每一期支付固定利率 K，并取得相同的浮动利率收入（$L_0, L_1, \cdots, L_{N-1}$）。这两个固定利率 r 和 K 的每一期支付，都取得了相同的浮动

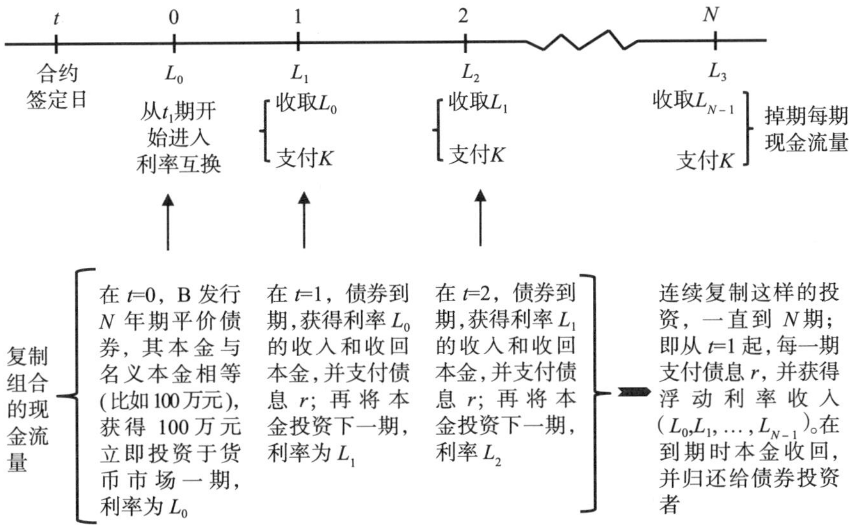

图 7 -2 利率掉期定价过程

利率收入。在没有套利机会下，r 和 K 一定会相等，即 $r = K$。否则，就会产生套利活动，套利的力量终将促使两个固定利率回归相等（$r = K$）。这个固定利率（也称为掉期利率）的定价就是公式（7 -1）和公式（7 -2）。

注：若掉期经纪商是支付固定利率端，则这个固定利率等于经纪商发行的平价债券的收益率。因此，掉期固定利率也称为掉期平价收益率（Swap par Yield）。也就是说，互换利率（或掉期利率）可以视为平价债券的收益率，并且可以用来求算零息折现因子（或折现率），详见第十六章第十个问题的介绍。

六、违约风险下的掉期利率

在违约风险下，Sun、Sundaresan 与 Wang（SSW，1993）的实证结果显示，掉期利率（K）小于支付固定端掉期对手 B 所发行的平价债券的收益率（r），即 $K < r$。SSW 提供其经济原因的解释。

一是在到期日，掉期没有本金的归还；名义本金只是作为每一期掉期结算交割日利息的计算。债券到期时，本金要归还，所以，在本金归还方面，掉期到期没有违约风险，而债券与银行贷款则会有本金到期归还的违约风险。

二是在掉期交易的过程中，掉期对手 B 在两种情况下才可能发生违约的风险：其一，对手 B 遇到财务困境；其二，对手 B 的掉期现值是负值，变为一个负债。这两种情况同时发生的联合概率低于银行贷款的违约概率，所以，掉期的违约风险低于银行贷款的违约风险。

三是掉期的违约风险一般小于银行贷款与债券的违约风险，其原因如下：

（1）掉期经纪商只对信用评级比较高的客户（比如 A 级客户）进行掉期交易。信用评级比较低的客户必须缴纳比较高的掉期费用，甚至需要抵押品。此外，掉期利率的买卖价差也比较大。因此，这些要求都可以降低信用风险（详见第一章的第六、第七个问题的介绍）。

（2）互换合约设有终止条款，一旦掉期有一方的对手违约，则对方可以立即终止以后的掉期交易义务。这可以降低日后的违约亏损。但在银行贷款和债券投资，一旦有违约事件发生，银行和投资者会亏损违约时点起的利息收入，本金也可能亏损。

所以，根据上面的原因，掉期的违约风险低于银行贷款和债券的违约风险。因此，在有违约风险下，平价债券的收益率（r）会高于掉期利率（K），即 $K<r$。

七、非普遍型掉期利率的定价

若利率互换不是固定利率（k）与浮动利率平价（不加上几个基点）的普遍型掉期，而是非普遍型的利率互换，即固定利率（k）与浮动利率加上

x 个基点的利率互换，则非普遍型互换利率 k^* 的定价公式类似公式（7－1）和公式（7－2），但要加上一个非普遍型的调整项（即 x 个基点），表示如下：

$$k^* = \text{普遍型掉期利率[公式(7-1)]} + x \quad (7-3)$$

$$= \text{普遍型远期利率加权平均[公式(7-2)]} + x \quad (7-4)$$

八、CMS 掉期的操作过程

CMS 掉期允许互换双方在存续期间，一方支付浮动的 LPR 利率，并从互换对手收取固定的 CMS 利率，利息支付和收取是以同一种货币结算的，而且互换的双方只交换利息，不交换本金。固定 CMS 利率是在掉期期初后确定的，在掉期有效期内都固定不变。

CMS 掉期的操作过程如图 7－3 所示。

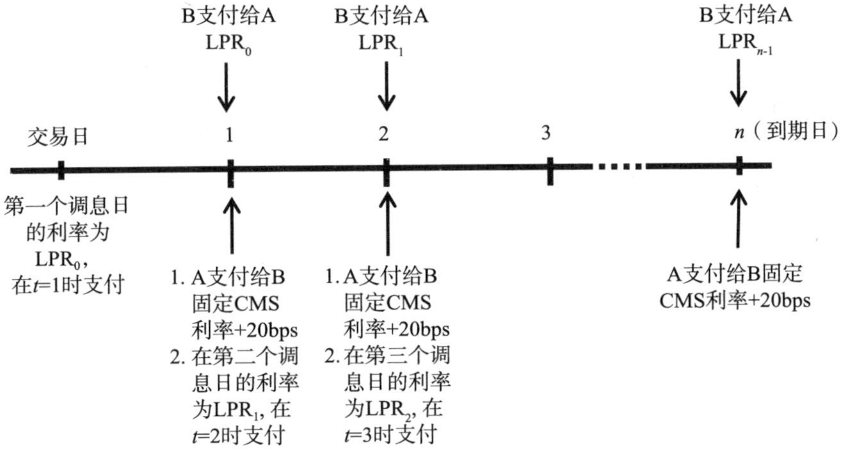

图 7－3　CMS 掉期互换过程

注：

在图 7－3 内，若 $n=10$，则 10 年期（固定期）CMS 利率可以采用 10 期（固定期）国库券（Constant Maturity Treasury Note，CMT）收益率。这

个收益率是10年期CMT的内部收益率（IRR），而其远期利率可以由10年期CMT收益率曲线求算出来。在互换期内，这个10年期CMT的IRR收益率在掉期期初已确定了。

解释：

（1）LPR利率是在每一个互换期之前[（$t-1$）期]都会重新调整设定，以作为在互换期t的结算交割（支付或收取），即前置LPR或前置互换。

（2）在CMS掉期中，其他标的利率可以是SHIBOR、LIBOR、CP rate、PIBOR、HIBOR、SIBOR、T－bill rate、Euribor rate等。

注：

CMS掉期也可以其他方式进行利率互换，比如："LPR＋信用利差"与固定期平价国库券收益率CMT（不加上利差）的互换；n期CMS（或CMT）浮动利率与"m期CMS（或CMT）浮动利率＋利差"的互换；n期CMS浮动利率与n期CMS固定利率的互换等。这些CMS掉期内的信用利差与n期CMS固定利率的定价，请参阅作者的论文"Modifying the LMM to Price Constant Maturity Swaps, Journal of Derivatives, Winter 2010（With T. Wu）"。CMT利率，是指美国政府平价国库券的收益率，其有效期为1年、2年、3年、5年、7年、10年、20年或30年。CMT利率的构建是由美联储向超过30家国库券经纪商抽取其中5家领先的经纪商，在每天下午15：30开盘时对热门券询价（买价）。而后运用Cubic Spline（三次仿样函数，是非线性插补法）对样本数据点进行插补，以构建一条完整的国库券收益率曲线。借此，每个到期日的CMT利率都可根据这条收益率曲线插补求算。

此外，CMS/CMT利率可以帮助纯粹利率产品交易的简单化并在对冲风险方面提供方便或简化的操作，因为CMS/CMT衍生产品之一的收益率曲线互换（CMS/CMT Swaps），可以让投资者（或对冲者）对两个不同到期日的CMS（或CMT）利率构建仓位，以获利或对冲利率风险。另外，收益率曲线利差的期权（Calls 和 Puts）也可以针对收益率曲线的斜率变动风险（Steepening、Flattening 或 Inverting）建立仓位获利或对冲风险。

九、CMS 掉期：实务应用案例

我们运用图 7 - 3 举例介绍分析如下：

案例 7 - 2：

因为一般的利率掉期（IRS）仅对短期（3 ~ 6 个月）利率上行或下行的趋势进行利率互换，但是 CMS 利率是反映收益率曲线上比较长端利率的变动，也就是反映收益率曲线形状的变动，比如，比较向上陡峭（向下扁平）或斜率的变动。因此，假设债券经理（或套期保值者）认为未来长端利率会高于 3 个月或 6 个月期的 LPR，于是他与 A 银行（掉期经纪商）协议签订 3 年期 CMS 掉期，将其持有浮动利率债券的 3 个月期“LPR + 30bps”的浮动利率收入转换为 CMT（或 CMS）的固定利率收入。因此，在每 3 个月的互换期，债券经理向银行收取 20 年期“CMT 利率 - 20bps（代表长端利率）”，并支付银行 3 个月的 LPR 利率。因此，债券经理的浮动利率收入转化为“CMT 固定利率 - 20bps”，而不是收取原来的 LPR 浮动利率（预期 CMT > LPR）。

以上的 CMS 互换，如图 7 - 4 所示：

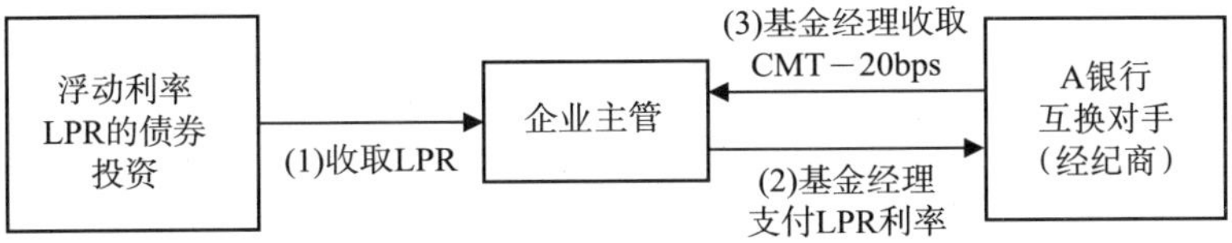

图 7 - 4　每一期 CMS 掉期互换结算程序

注：（2）+（3）= CMT 掉期合约

所以，以上的每一个互换期，债券基金的浮动利息收入变成固定利率 CMT－20bps＝（1）＋（2）＋（3）。后者称为合成的固定利率债券（Synthetic Fixed－Rate Bond）。

注1：每一期的利息互换只有一笔净利息的支付，而不是各自支付给对方。

若［（CMT－20bps）－LPR］>0，银行支付净额给债券经理。否则，债券经理支付净额给银行（债券经理的掉期对手也可以是另外一家基金或金融机构）。

注2：

以每3个月为互换期和名义本金100万元而言：

$$每个互换期的互换净额=100万元\times\frac{3}{12}[(CMT-20bps)-LPR]$$

注3：

掉期的双方在寻找合适的互换对手时会遇到困难。为了使掉期交易更有效率，掉期经纪商（或称掉期做市商或掉期银行）就扮演了撮合（或匹配）掉期对手的功能。因此，掉期经纪商是介于掉期双方的一个中介角色，其作用是促成掉期交易能够迅速完成。掉期经纪商从掉期双方收取佣金或费用，一般费用很低，即将掉期买价利率与卖价利率之间的利差作为净利润与信用溢酬的补偿。

案例7－3：

如果预期未来利率收益率曲线上的长端利率会呈现下垂趋势，而且很可能低于某企业固定利率债务的8%，则企业主管（或套期保值者）可以运用CMS掉期将8%的债务转换为固定的15年期“CMS＋15bps

（代表长端利率）”，就是锁定未来较低的 15 年期“CMS + 15bps”利率，可节省未来的利息支出，降低融资成本。

这就是说，企业按期收取 15 年期“CMS + 15bps”的固定利率，并支付给互换对手固定利率 8%。

以上的 CMS 互换，如图 7－5 所示：

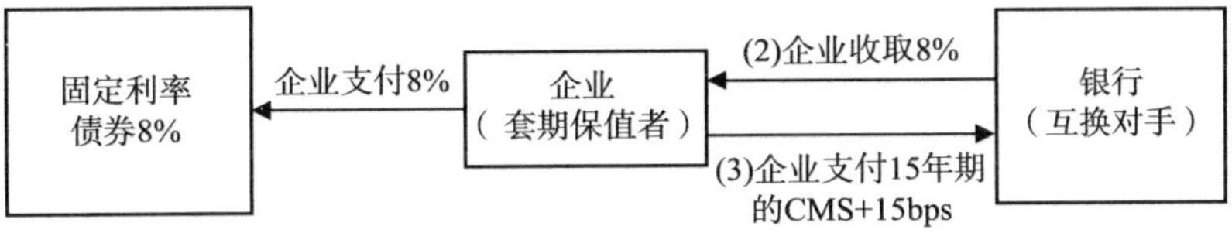

图 7－5　每一期 CMS 互换结算程序

注：（2）+（3）= CMT 掉期合约。

以上的每一个互换期，企业的 8% 利息支出已转换成较低的（合成）固定 15 年期“CMS + 15bps”的利息支出，即（1）+（2）+（3）= 15 年期“CMS + 15bps”。

案例 7－4：

某套利者（或投资者）预期 30 年期 CMS 的利率曲线会高于 10 年期 CMS 的利率曲线。于是，他与某银行协议签订 CMS 掉期。在每 6 个月的利率互换期，套利者从银行收取 30 年期 CMS 利率，并支付 10 年期“CMS + 20bps”给银行。所以，在每 6 个月互换期，套利者的净利润是：

$$100\text{ 万元} \times \frac{180}{365} \times \left[30\text{ 年期 CMS} - (10\text{ 年期 CMS} + 20\text{bps})\right]$$

若这个净额是正值，套利者获利；否则亏损，如图 7－6 所示：

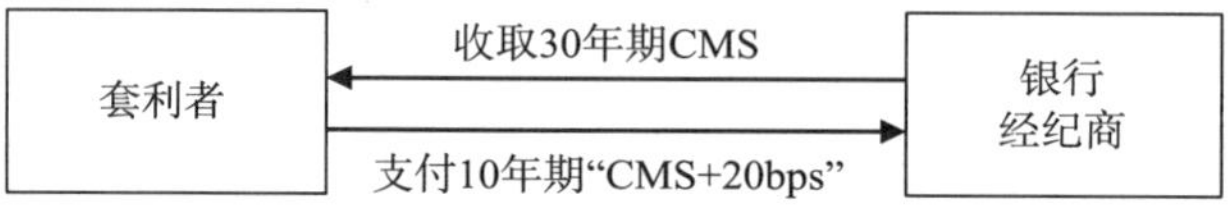

图7-6 运用CMS掉期套利（或投机）

注：

因为套利者进行CMS掉期交易时，并没有要求对冲利率风险的仓位，所以，他的掉期属于投机行为。

十、基差掉期：实务应用案例

另一种利率掉期称为基差掉期（Basis Swap），互换双方在每一个互换期进行不同浮动利率的互换，也就是说，利率掉期的一方将自己的一个贷款（或借款、债券）的短期浮动利率与掉期对手互换成为另一个短期浮动利率。这种利率掉期称为基差掉期。比如，将一个3个月期“LPR+45bps”的利率转换为6个月期“LPR+25bps”的利率或90天期商业票据利率（CP Rate）或其他浮动利率的互换。基差掉期也可以涉及两国不同货币的利率互换。

又如：

· “3m SHIBOR+40bps”与“6m SHIBOR+25bps”的互换（3m指3个月）。

· 美元“3m LIBOR+30bps”与人民币90天CP Rate的互换，每期结算交割金额以人民币计价。

· 15年期CMS与2年期CMS的互换。

· 美元3m LIBOR与人民币10年期CMS的互换，每期交割金额以人民币计价。

案例 7 –5：

某基金经理预期未来美元 3m LIBOR 利率会高于人民币 3m LPR，于是该基金经理与某银行协议签订一笔 3 年期的基差互换，并约定每 3 个月互换交割一次，将自己的 LPR 利息收入转换为“LIBOR + 20bps”的利息收入。名义本金为 100 万元人民币。如图 7 –7 所示：

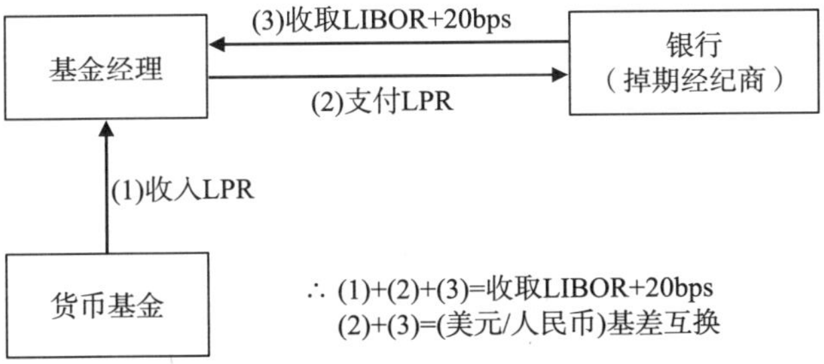

图 7 –7 （美元/人民币）基差互换：获取较高的美元利息收入

每 3 个月的交割金额为：

$$100\text{ 万元人民币}\times\frac{90}{365}\times(3\text{m LIBOR}+20\text{bps})$$

注：每 3 个月的实际天数可能是 90 天、91 天或 92 天。

案例 7 –6：

国内某企业预期未来美元 3m LIBOR 会下行低于人民币 3m LPR，于是该企业与某银行协议签订一笔 2 年期基差互换，并约定每 3 个月互换交割一次，将企业的 LPR 利率债务转换为 LIBOR 利率的债务。名义本金为 100 万元人民币。如图 7 –8 所示：

每 3 个月的结算交割金额为：

$$100\text{ 万元人民币}\times\frac{90}{365}\times(3\text{m LIBOR}+10\text{bps})$$

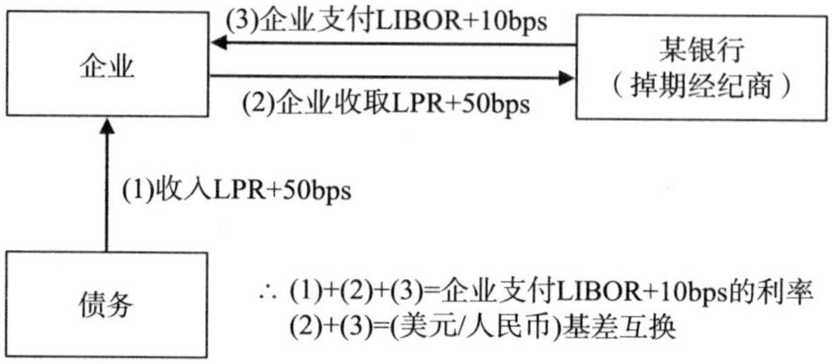

图 7－8　（美元/人民币）基差互换：获取较低的利息成本

注： 每 3 个月的实际天数可能是 90 天、91 天或 92 天。

十一、基差风险与展期风险

在运用基差掉期时，企业可能有时会产生基差风险与展期风险（Roll-over Risk）。

案例 7－7：

A 公司为了每个月流动资金的需求，会经常性地发行 1 个月期 AA 级的商业票据（CP），利率为每个月发行时市场 1 个月期 AA 级的 CP 利率。虽然 A 公司认为发行这个 CP 大致可获得 10% 的融资利率，但 A 公司认为，以比较短期（比如 2 年期）且固定利率的融资，在财务上会比较稳定，而且若运用掉期，获得的利率可能比较低。因此，A 公司决定与某银行进行利率互换（基差互换）：在每个月互换期，A 公司从银行收取 AA 级综合 CP 利率指数，并支付银行 9% 的利率。A 公司希望运用这个掉期能够将其短期资金成本锁定在 9% 左右。这个利率互换过程如图 7－9 所示：

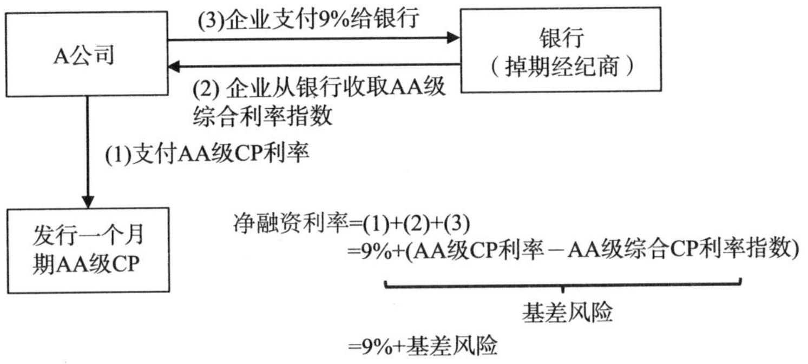

图 7－9 基差互换：基差风险与展期风险

解释：

A 公司的净融资利率约在 9%，但是会面临基差风险[①]。AA 级 CP 利率的波动率当然会比 AA 级综合利率指数（加权平均利率）高。所以，在每个月 CP 展期到下一个月时，很有可能出现因为短期资金市场的流动性欠佳或短期因素的冲击，AA 级 CP 利率极速上行超越综合利率指数的情况。这可能会造成净融资成本高于 9%。虽然有这些风险的存在，但若运用基差掉期能够节省足够高的融资利率（在本例为 1%，即 10%－9%），那么企业仍然会有动因去承担这些风险。

十二、运用基差掉期对冲基差风险：案例

除了浮动、固定利率掉期外，金融机构（如银行）也运用基差掉期控管因为浮动利率的错配导致的基差风险，比如“3m LPR + 25bps”互换“6mLPR + 15bps”，或 3m LPR 互换 90 天期国债收益率等。为进一步说明，我们举例如下：

① 第十五章第五部分，也介绍了其他关于基差风险的案例。

案例7－8：

A公司向银行申请一笔贷款，要求的贷款利率为国债利率加上85bps。但是B银行资金的主要来源是关联的LPR浮动利率存款，而不是国债利率，因此这个贷款给B银行带来了基差风险。为了和A公司保持良好的客户关系，B银行决定贷款给A公司，并运用基差掉期对冲这个基差风险。B银行找到了基差掉期的互换对手C银行。

基差掉期的运作原理，如图7－10所示：

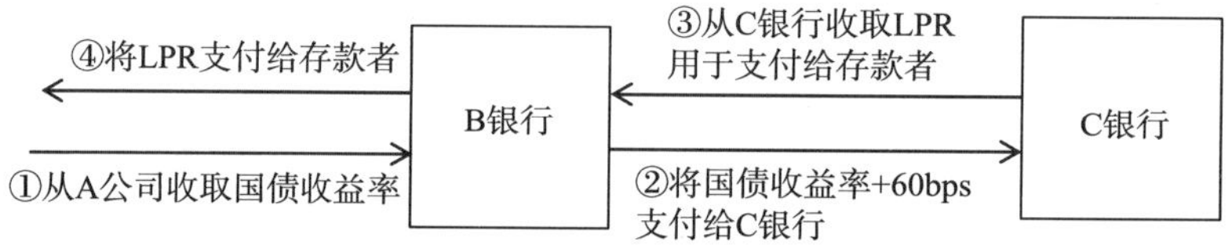

图7－10 基差掉期的运作原理

在运用了上述基差掉期后，B银行的净贷款利率为：

原始贷款：	T-bill+85bps (+)
基差掉期：	(1)从C银行收到LPR(+), (2)支付给C银行T-bill+60bps(－)
净贷款利率	LPR+25bps（上面加减抵销的结果）

因此，在运用基差掉期后，B银行的国债利率贷款转换成为LPR贷款，利率为LPR加上25bps，这与其资金来源方的LPR浮动利率相同。因此，基差风险得到对冲。基差掉期在国际金融市场中有广泛运用。

十三、基差掉期的定价

在基差定价时，必须决定基差互换中的固定利率（60bps）才能使基差互换在期初签约时的价值呈现公允的利差，读者可参阅本书作者的另一本书《金融风险管理》第四章（P30～P32）（机械工业出版社出版）。

第八章
利率掉期、领式利率期权与领式 CMS 期权的关系

利率看涨和看跌期权（Caplet And Floorlet）可以用来管控未来的利率风险，但也可以作为投资的工具使用。若预期未来利率会上涨，客户可向银行买入利率看涨期权获利；若预期未来利率会下跌，客户可向银行买入利率看跌期权获利。但买入期权必须支付不低的权利金。为了降低权利金的支出，客户于买入看涨期权的同时出售看跌期权，或者买入看跌期权的同时出售看涨期权。所以，买入与出售期权的权利金可以相互抵消，净权利金支出就比较低，甚至权利金为零。领式期权有两种：做多的领式期权和看空的领式期权。

一、做多的领式期权：买入看涨期权并出售看跌期权

做多的领式期权（Long Collar）是由客户向银行买入领式外汇期权，

也就是客户向银行买入执行价为 K_1 的（利率）看涨期权（Caplet），同时出售执行价为 K_2 的（利率）看跌期权（Floorlet）的组合（$K_1 > K_2$，两个期权的到期日相同，比如 3 个月期）。名义本金为 100 万元人民币。组合而成的领式期权如图 8－1 所示：

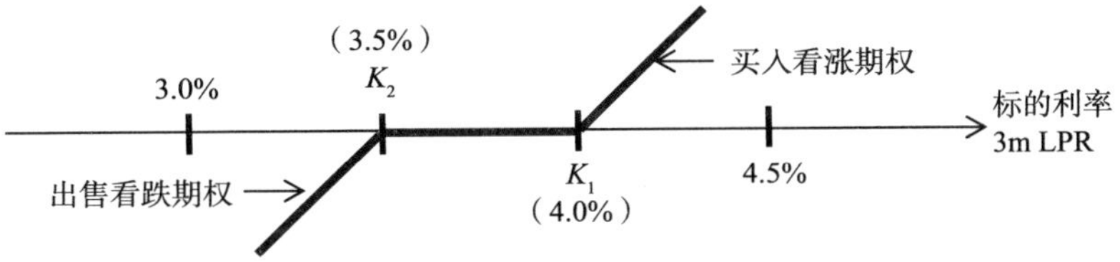

图 8－1　做多领式利率期权到期盈亏

解释：

（1）若在期权到期日，标的利率（比如 4.5% 的 3m LPR）上升高于看涨期权的执行价 K_1，则领式期权的客户获利等于利差：0.5%（即 3m LPR $- K_1 = 4.5\% - 4\%$），或总收益为 1250 元人民币 $\left[\text{即 100 万元} \times \left(\frac{3}{12} \times 0.50\%\right)\right]$。

（2）若在到期日，标的利率介于 (K_2, K_1) 之间或（3.5%，4.0%）之间，客户没有获利。

（3）标的利率下跌低于看跌期权的执行价 K_2，比如下跌到 3.0%，客户产生亏损 0.50%（即 3m LPR $- K_2 = 3.0\% - 3.5\% = -0.5\%$），总亏损为 1250 元人民币（注：在期初，若预期利率下跌低于 3.5% 的可能性时，K_2 可以选定为 3.5%。在这个情况下，产生的亏损的可能性也会很低）。

若客户对未来利率的期望或预测是正确的，他就可获利；否则就会产生亏损。当利率曲线比较平滑（Flat）时，构建领式期权有很好的成功机会。

以上所构建的做多领式期权是单一期的看涨和看跌期权的组合。若一期为 3 个月，则 4 个 3 个月期的看涨和看跌期权就可组合而成一个 1 年期做多的领式期权，也就是买入 1 个 1 年期的利率上限期权（Cap），并同时出售 1 个 1 年期的利率下限期权（Floor）。这样，利率上限期权包括 4 个买入的利率看涨期权（Caplet）和 4 个出售的利率看跌期权（Floorlet）；每期都有匹配的买入看涨期权和出售的看跌期权。看涨期权的执行价都是 K_1，而看跌期权的执行价都是 K_2。

更清楚的解释：

1 个 1 年期做多的领式期权在构建时，包括下列 4 组期权：

1. 买入 3 个月期的看涨期权（Caplet），并出售 3 个月期的看跌期权（Floorlet）。到期日为 3 月底（或 90 天）。这就构成了第一期的做多领式期权，正如图 8 – 1 所示。

2. 买入 1 个 3 月底生效（远期生效）并在 6 月底（或 180 天）到期的 Caplet，并出售 1 个 3 月底生效并在 6 月底到期的 Floorlet。两个期权都是远期生效期权（3 月底生效）在 6 月底到期，为期 3 个月。这就构成了第二期的做多领式期权，正如图 8 – 1 所示。

3. 买入一个 Caplet，出售一个 Floorlet，这两个期权都是在 6 月底（180 天）生效、在 9 月底（270 天）到期，为期 3 个月。这就构成了第三期的做多领式期权，正如图 8 – 1 所示。

4. 买入一个 Caplet，出售一个 Floorlet，这两个期权都是在 9 月底（270 天）生效、在 12 月底（360 天）到期，为期 3 个月。这就是第四期的做多领式期权，正如图 8 – 1 所示。

如果以图解来表示 1 年期的做多领式期权，它将由 4 个图 8 – 1 按期并列组合而成。也就是，1 年期的做多领式利率期权等同于 4 个 3 个月期领式利率期权的组合。每个 3 个月期领式利率期权由买入 Caplet（或 Call）和出售 Floorlet（或 Put）组合而成。读者可根据以上的解释，延伸到 3 年期的做多领式期权，5 年期或 10 年期的做多领式期权等。

1. 设计领式利率期权的目的

为何期初买入 Cap 时，又同时卖出 Floor？

买入 Cap 时在期初必须支付期权的权利金（或期权费用），再同时卖出 Floor 可获得权利金收入，这样可以抵消一部分期权费用支出。也就是说，在预期利率上涨时，买入 Collar 可以降低对冲利率上升风险的避险成本（或期权费用）。当然，可以寻找（或求算）Cap 和 Floor 的能使买入 Collar 的期初期权费用为零的行权价，即卖出 Floor 的期权收入完全能抵消买入 Cap 的期权费用支出。但这种零成本只是一个有条件的延滞成本。若在到期日，利率低于卖出 Floor 的行权价，则交易者仍会产生亏损，有时亏损还会比较大。

2. 领式期权的到期日盈亏

观察图 8－1 可知，在到期日，若利率上涨高于 4%，Cap（或 Caplet）是实值，买入者可获利；但若利率下跌低于 3.5%，卖出的 Floor（或 Floorlet）会产生亏损。但若在到期日，利率介于 3.5%～4%，买入 Collar 的投资者没有盈亏。

注： Caplet（相当于 Call）和 Floorlet（相当于 Put）是单一期的利率看涨和看跌期权的名称。若涉及多期时，其名称为 Cap（利率上限期权）和 Floor（利率下限期权）。也就是，Cap 是几个 Caplets（看涨期权）的组合，Floor 是几个 Floorlets（看跌期权）的组合。

二、掉期与看涨、看跌期权的平价关系

若看涨和看跌期权的执行价都是一样（$K_1 = K_2 = K$），且等于期初的远期利率时，则所构建的做多领式期权就是做多的合成利率远期协议（FRA），而且它是由做多的利率看涨期权（Call）和看空的利率看跌期权（Put）组合而成，也就是做多的 FRA = Call － Put，负号代表看空，如图 8－2 所示：

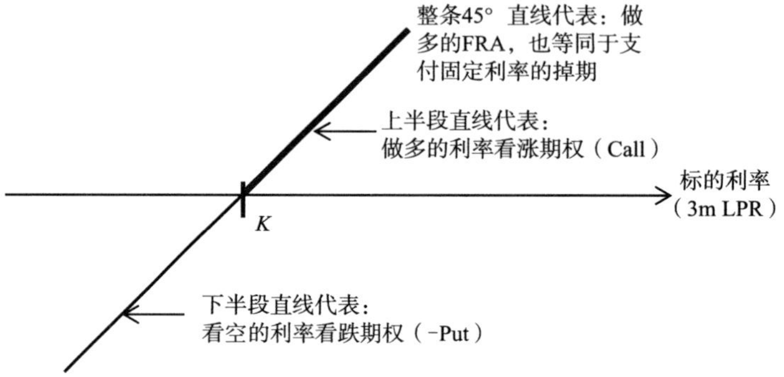

图 8－2　做多的 FRA （＝Call－Put）

1. 当执行利率 K 等于期初远期利率时，利率 Call 和 Put 的期权费用相等

FRA = Call － Put = 0，也就是期初签订 FRA 时，没有期权费用，正如买卖期货时，没有期货费用（期货保证金是用来降低信用风险，不是买卖期货的费用）。此外，支付固定利率（K）的掉期等同于买入 FRA，因为当未来利率上行时，（新）掉期的固定利率也会往上调整（增加），但是已经在掉期期初锁定了（K），因此支付的固定利率（K）会比较低。所以，当利率上行时，支付固定端的掉期一方可获利。但当利率下行，支付的固定利率比较高，因此支付方会亏损。这个盈亏特征，就是买入 FRA 的盈亏特征。

2. 掉期是利率看涨（Caplet）和看跌（Floorlet）期权的组合（即平价关系）

一个掉期，可视为 Caplet 和 Floorlet（或 Cap 及 Floor）成双的组合。在期权定理下的 Put－Call 平价关系由买入 Call 并出售 Put 形成的一个远期合约所体现：$C - P = S - Ke^{-rT}$（买入远期合约）。在到期日，若 $S_T > K$，远期合约价值 $= S_T - K = Call$ 的到期实值价值（ITM）。若 $S_T \leqslant K$，远期合约的亏损 $= S_T - K$（负值）$= -(K - S_T)$，这也等于期初卖出 Put 的到期亏损。所以，在期初买入远期合约相当于在期初买入 Call 和卖出 Put 的匹配组合。因为一个掉期可以视为一系列的远期合约（FRA_S）组合，掉期也可以视为一系列买入 Caplets（即 Cap）和卖出 Floorlets（即 Floor）的组合。此外，收入浮动并支付固定的掉期，相当于买入远期利率协议（FRA或远期合约），这个现金流量也相当于买入 Cap 和卖出 Floor 组合的现金流量。此处的行权价 K 为掉期内支付固定的利率，称为掉期利率（Swap Rate）。这个对等关系称为掉期与看涨、看跌期权（按市价计价）的平价关系。若行权价（K）不等于掉期利率时，这个关系称为偏离市价（Off - Market）的平价关系。图 8 - 1 正表示了这个平价关系，也如下式所示：

支付固定利率的掉期 = 买入 FRA

= Call - Put（以单一互换期而言）

= Cap - Floor（以多期互换而言，即 IRS）

此处，平价关系内的期权行权价（K）是掉期利率（即固定端的利率）。这样，Call 和 Put 的权利金才会相等，掉期的期初价值才会是零（即按市价计算的掉期）。至于掉期内的固定端利率是由掉期有效期内所有短、中、长期利率来决定的（或远期利率曲线来决定）。

三、运用做多领式期权对冲利率上行风险

假设一家企业已发行了浮动利率债券，利率是 6 个月“LPR + 50bps”。财务部门预期未来 LPR 利率会上升，可能导致债息成本支出的大幅增加。财务部门首先考虑运用买入领式利率期权对冲利率上行的风险，我们以图 8 - 3 表示。图 8 - 3 内的“45 度斜线”代表被对冲的浮动利率仓位。

为了降低期权费用（或保险费用），企业运用领式期权对冲利率上行的风险。当利率上升高于 5% 时，浮动债息成本封顶在 5.0%，正如图 8 - 3 中 5.0% 的虚线所示。但若利率下跌低于 3.0%，领式期权内的卖出 Floor 会产生亏损，但其亏损会被利率下跌所产生债息支出减少的获利（或好处）所抵消，最终没有盈亏，并维持在 3.0% 的债息支出，正如图 8 - 3 中

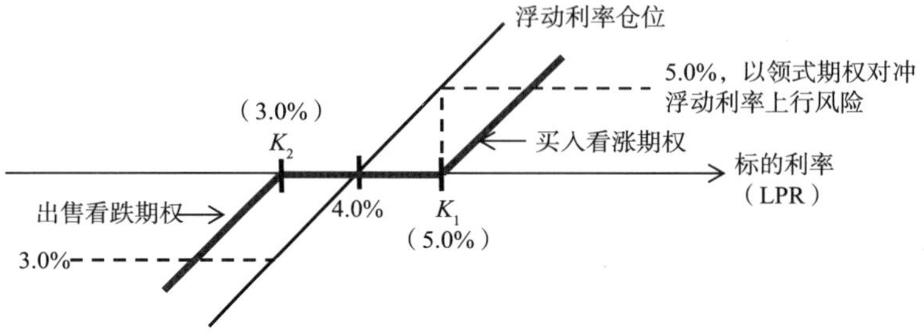

图8－3 以领式期权对冲利率上行风险

3.0%的虚线所示。若利率维持在3.0%和5.0%之间，这个利率区间是企业可以接受的融资成本区间，其实这个区间的融资成本比较低。

四、以支付固定利率的掉期对冲利率上行风险

上一个问题中，若企业选用支付固定利率4.0%的掉期对冲利率上行的风险，则不管利率是上升或下行，企业的债息支出都会维持在固定利率4.0%，正如图8－4中虚线4.0%所示。

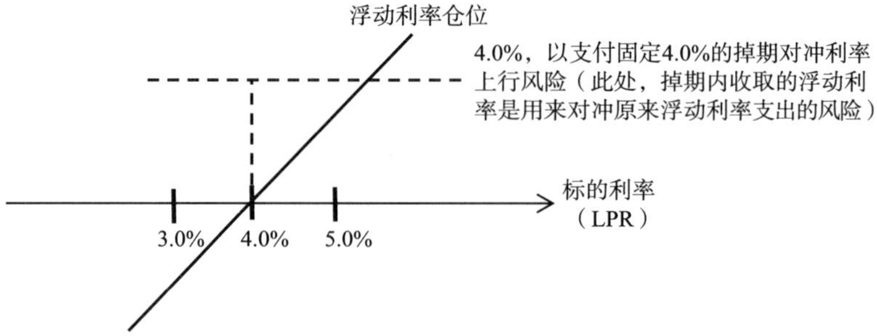

图8－4 以支付固定利率4.0%的掉期对冲利率上行风险

注：浮动利率支付者也可运用Ratchet Swap去对冲未来某个期间急速上升的利率风险。在Ratchet Swap下，每期的浮动利率支付都设置了其增加的幅度，比如：每期浮动利率支付＝min（LPR＋40bps，Strike Rate）。此处，Strike Rate＝前期支付＋20bps。所以，每期的支付等于前期的支付或者比前期支付多出20bps（即当未来利率急速上升时，每期的浮动支付呈现缓慢的速度增加（顶多25bps，或与前期的支付一样，没有增加）。

五、以利率看涨期权对冲利率上行风险

本章第三部分，若企业选用利率看涨期权（Caplet）对冲利率上行的风险，该期权的行权价 6.0% 的变化如图 8－5 所示。

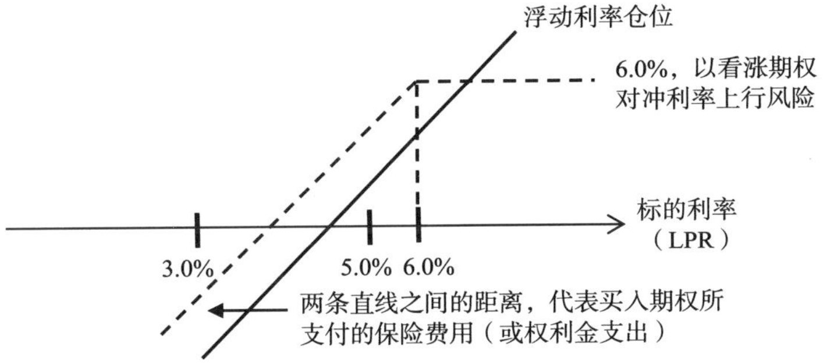

图 8－5　以看涨期权对冲利率上行风险

解释：

运用利率看涨期权（Caplet 或 Cap）对冲利率风险时，当利率上行高于行权价 6.0%，债息支出被封顶在 6.0%。但若利率下跌低于 6.0%（此时 Caplet 变为虚值），债息支出会随着利率下跌而减少。

注：当 Caplet 运用于多期的对冲风险时，其名称为 Cap（利率上限期权），详见本章第二部分的注解说明。

图 8－3、图 8－4 和图 8－5 介绍了对冲浮动利率风险的三种方法，企业选用哪种对冲方法比较合适，还要考虑关联的因素。比如企业应考虑衍生品的税务问题、对风险承担的忍受度、对未来利率走势的看法、现金流量是否充足等因素来进行综合判断。

六、构建零期权费用的做多领式期权

为了构建零成本的做多领式期权，执行价的选择必须符合下列公式：

K_2 < 同类特征掉期内的固定利率（K^*） < K_1

之后再寻找能够使领式期权的期权费用（权利金）为零的 K_1 和 K_2 的组合。以上面 3 个月期的做多领式期权为例，若标的利率设定为 3m LPR，同类特征掉期内的固定利率是指相同的标的利率为 3m LPR，而这个固定利率（比如 K^*）是指掉期双方在每 3 个月期互换时，收取（或支付）的固定利率。这个固定利率 K^* 是掉期的公允固定利率，本身就是一个互换利率（Swap Rate），不是随便决定的。任一种利率互换合约在期初合约签订时都会有其公允的固定利率。若没有这个数据，可以 3 个月期的远期利率替代（详见第七章关于互换利率的介绍）。有兴趣的读者也可以参阅作者的另一本书《利率衍生品设计原理与应用》第十二章（机械工业出版社出版）。

七、看空的领式期权：出售看涨期权并买入看跌期权

看空的领式期权（Short Collar）是由客户向银行出售执行价为 K_1（比如 5.5%）的看涨期权与买入执行价为 K_2（比如 4.5%）的看跌期权组合。其构建的原理与做多的领式期权类似，只要将做多的领式期权，买入改为出售，出售改为买入，就是构建看空的领式期权，如图 8－6 所示。

看空的领式期权不但可以用来管控利率下跌引发的利息收入的下降，也可作为投资的工具。正如图 8－6 所示，若预期未来利率会下跌低于 K_2 是正确的（比如下跌到 4.0%），则客户可获利 0.5% 的利息收入（即 = 4.5% − 4.0%），或总收益为 1250 元人民币［即 = 100 万元 × $\left(\frac{3}{12} \times 0.5\%\right)$；有效期为 3 个月，名义本金为 100 万元人民币］。若未来利率介

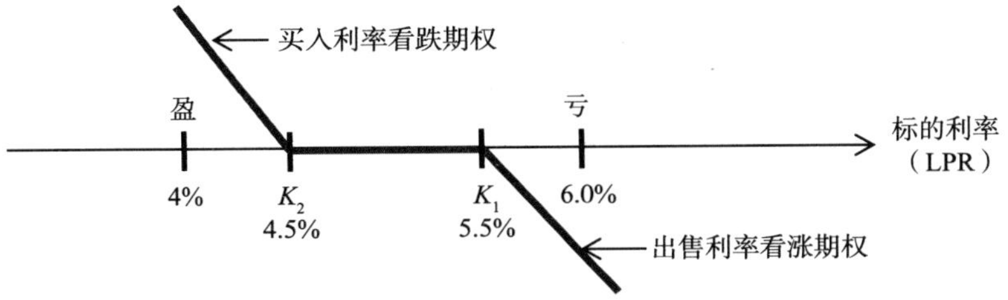

图 8－6 看空的利率领式期权

于 K_2 和 K_1 之间，则客户无获利。但若未来利率上涨高于 K_1（比如上涨到 6.0%），则产生亏损 0.5% 的利息，即"－(6%%－5.5%)"，或总亏损为 1250 元人民币。

八、看空合成的利率远期合约与零期权费用

若两个执行价相等且等于期初的远期利率时，所构建的看空领式期权就是看空的利率远期协定（FRA），即：

看空的 FRA＝看空的利率 Call＋做多的利率 Put

看空的 FRA＝－Call＋Put＝0

也就是，期初交易 FRA 时，没有期权费用，如图 8－7 所示。

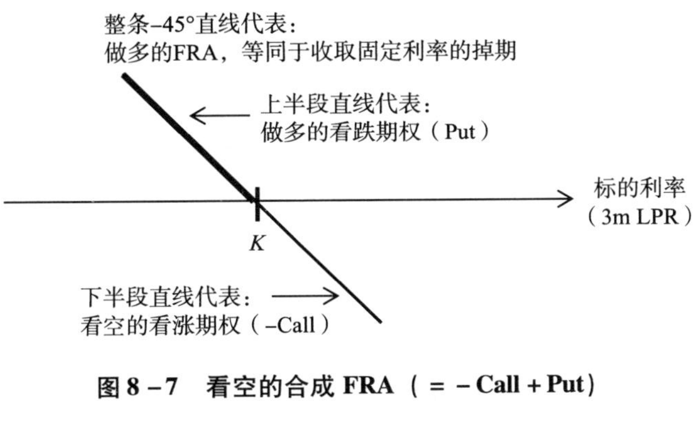

图 8－7 看空的合成 FRA（＝－Call＋Put）

图8－7表示的掉期、上限、下限期权（Swap－Cap－Floor）的平价关系式如下：

收入固定利率的掉期＝卖出FRA

＝－Call(卖出)＋Put(买入)(以单期互换而言)

＝－Cap(出售)＋Floor(买入)(以多期互换而言)

构建零成本的看空领式期权的原理与做多领式期权的原理相同，在此不再重述。

注：看多和看空的领式期权不但可以用利率作为标的，也可以用股票、股指、ETF、债券、利率和任一种商品作为标的。

企业和金融机构可以运用看空的领式期权对冲利率下行导致利息收入减少的亏损风险。与前文的原理类似，企业和金融机构都可以运用看空的领式期权，收取固定利率的掉期或看跌期权（或下限期权）来对冲利息收入下跌的风险。

九、领式CMS期权

看多和看空的领式期权的标的利率也可以采用固定期互换利率（CMS互换利率)。采用CMS互换利率后的领式期权分为两种：做多的领式CMS期权（Long CMS Collar）与看空的领式CMS期权（Short CMS Collar)。其构建的方法与实务的操作应用都与前述的做多与看空的领式期权相同。在构建时，以CMS上限期权（CMS Cap）取代利率上限期权（Cap)，以CMS下限期权（CMS Floor）取代利率下限期权（Floor)，其他完全相同，如图8－1和图8－3所示，但横轴的标的利率要改为CMS互换利率。在管控利率上涨或下跌的风险，以及作为投资工具方面的实务，应与前述的做多与看空的领式期权相同，在此不再重述。

十、看多与看空的海鸥期权更能够进一步降低期权费用

（一）看多的海鸥期权（Seagull Option）

在本章第二部分我们已介绍了看多的领式期权。当预期未来利率会上行时，交易者可以买入（利率）看涨期权（Caplet，$K_1=4.0\%$），同时出售看跌期权（Floorlet，$K_2=3.5\%$）。出售看跌期权的权利金收入可以抵销一部分买入看涨期权的权利金支出。如果有理由认为，在期权有效期内，利率上行高于5.0%的概率比较低（或很低）时，可以同时进一步在利率5.0%之处，再出售1手看涨期权，其行权利率为5.0%（$=K_3$），则这个出售看涨期权的权利金收入可以进一步降低原来买入看涨期权（$K_1=4.0\%$）的权利金支出。所以，买入看涨期权（$K_1=4.0\%$），并出售看跌期权（$K_2=3.5\%$），加上再出售看涨期权（$K_3=5.0\%$），就构成了所谓的看多的海鸥期权（Long Seagull Option）。公式表示如下：

看多的海鸥期权 =

$$\underbrace{\text{买入 Caplet}(K_1=4.0\%)+\text{出售 Floorlet}(K_2=3.5\%)}_{\text{看多的领式期权（Collar）}}+\text{出售 Caplet}(K_3=5.0\%)$$

$$=\text{看多的领式期权}+\text{出售 Caplet}（K_3=5.0\%）$$

看多的海鸥期权的到期收益与风险特征如图8-8所示：

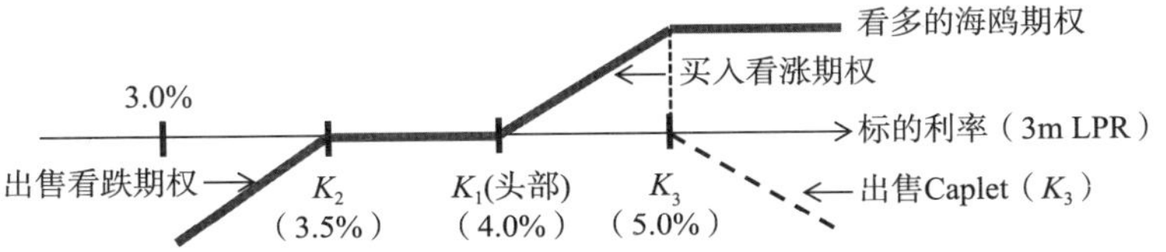

图8-8　看多的海鸥期权的到期收益与风险

图8-8所示的到期收益与风险特征，正如同一只展翅飞翔的海鸥，

其头部在 K_1（=4.0%）处，其头部往左右展开的是正在飞行的两个翅膀，正如图 8－8 的粗黑线所示。

（二）看空的海鸥期权

本章第八部分介绍了看空的领式期权。当预期未来利率会下行时，交易者可以买入（利率）看跌期权（Floorlet，K_2 =4.5%），同时出售看涨期权（Caplet，K_1 =5.5%）。买入看跌期权（Floorlet，K_2）的权利金支出可以被出售看涨期权（Caplet，K_1 =5.5%）的权利金收入抵销一部分。如果有理由认为在期权有效期内，利率下行低于 3.5% 的概率（很）低，可以同时进一步在利率 3.5% 之处再出售 1 手看跌期权（Floorlet，K_3 = 3.5%），则这个出售 Floorlet（K_3）的权利金收入可以进一步降低原来买入 Floorlet（K_2 =4.5%）的权利金支出。所以，买入 Floorlet（K_2 =4.5%）并出售 Caplet（K_1 =5.5%），加上再出售 Floorlet（K_3 =3.5%），就构成了看空的海鸥期权（Short Seagull Option）。公式表示如下：

看空的海鸥期权 =

$$\underbrace{\text{买入 Floorlet}(K_2=4.5\%)+\text{出售 Caplet}(K_1=5.5\%)}_{\text{看空的领式期权（Short Collar）}}+\text{出售 Floorlet}(K_3=3.5\%)$$

= 看空的 Collar + 出售 Floorlet（K_3 =3.5%）

看空的海鸥期权的到期收益与风险特征如图 8－9 所示：

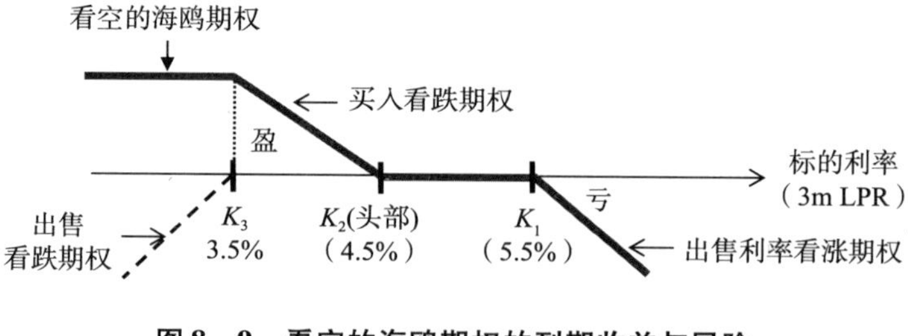

图 8－9　看空的海鸥期权的到期收益与风险

图 8 - 9 所示的到期收益与风险特征，也如同一只展翅飞翔的海鸥，其头部在 K_2（=4.5%）处，其头部往左右展开的是正在飞行的两个翅膀，正如图 8 - 9 的粗黑线所示。

海鸥期权的构建，除了可以运用利率作为标的外，也可以运用其他金融价格作为标的。比如，以股价、股指、ETF、债券、利率指数、石油、黄金以及其他大宗商品价格作为标的。其构建的方法如图 8 - 8 和图 8 - 9 所示。

第九章
跨国货币利率互换

一、合约的定义

跨国货币利率互换（Cross Currency Swap）不但涉及掉期双方的每一期利率互换，也涉及不同货币的互换。也就是，倘若掉期双方同意在掉期的有效期（3 年或 5 年等）内，在每一个互换期进行互换，甲方以某种外币名义本金计算的利息（固定或浮动）支付给互换乙方，而乙方则以另一种外币名义本金计算的利息（固定或浮动）支付给甲方。在掉期的期初与期终，双方也可互换等值的外币名义本金。在期初，是否互换名义本金，双方是可以选择的。因为互换的过程涉及利息与本金的交换，所以被称为“跨国货币利率互换”。

二、跨国货币利率互换的基本过程：互换双方取得所需的外币资金与节省资金成本

为了让读者了解互换过程，我们列举一个案例来说明互换的实务过程。A 公司为扩充在欧洲的业务，需要 100 万欧元的资金作为随机应变之用。A 公司在欧元市场可借到的最低利率是“Euribor + 43bps”。德国的 B 公司因在中国开拓市场，需要 720 万元人民币的资金，B 公司在中国境内能借到的最佳利率是 7.5%。假设 A 公司在中国市场的筹借能力比 B 公司更强，可以用 7.0% 的人民币利率借到人民币，而 B 公司在欧元市场的筹借能力比较好，可以 6 月期“Euribor + 23bps”的利率借到欧元。因此，A 公司与 B 公司可利用各自的融资能力，通过国际掉期经纪商的撮合，各自为对方筹借所需的资金，以取得较低的融资利率，而后再进行货币互换。上面的情况可整理如表 9－1 所示。

表 9－1　　双方运用各自在不同资金市场的融资优势

A 公司	B 公司
原需借款：100 万欧元 利率 Euribor + 30bps 若借人民币：利率 7.0% （或发行人民币债券） 目前，人民币/欧元汇率为： 7.20 元人民币/欧元	原需借款：720 万元人民币 若借欧元：利率 Euribor + 23bps （或可发行离岸欧元债券融资） 若借人民币：利率 7.3%

所以，由 A 公司先为 B 公司融资 720 万元人民币，利率为 7.0%，而 B 公司为 A 公司筹借 100 万欧元，利率为 6 个月期“Euribor + 23bps”。而后，双方进行人民币与欧元资金的互换，如此双方可取得各自所需的外币资金，同时也降低了融资成本。A 公司节省了 20bps 的欧元利率，而 B 公

司节省了0.3%的人民币利率，双方所省下的融资成本也可以平均分享。所以，在掉期的期初，本金互换过程以图9-1表示。

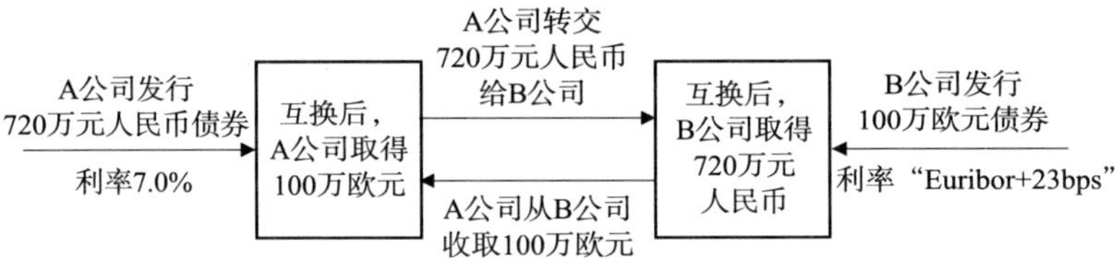

图9-1　期初本金互换过程

本金互换后，在每6个月利息互换期，A公司必须支付利率为7%的人民币给债券持有者。同时，支付B公司欧元利率“Euribor+23bps”。此外，B公司支付欧元利率“Euribor+23bps”给债券持有者（或债权人），也支付人民币利率7.0%给A公司。双方每一期支付与收取的过程如图9-2所示。

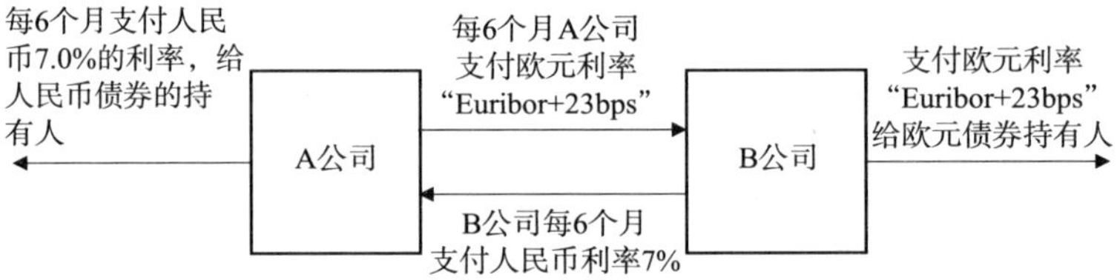

图9-2　不同跨国货币利率互换过程

在掉期合约到期时，双方支付与收取最后一期的利息，并相互换回本金，以图9-3表示如下。

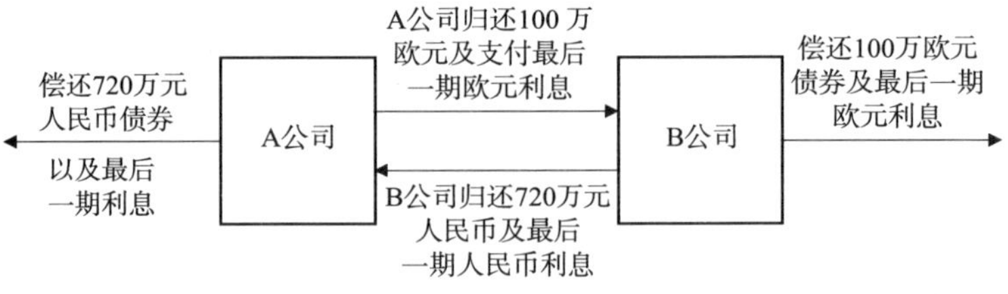

图9-3　到期日时本金和利息的互换过程

A 公司与 B 公司经过跨国货币利率互换后的融资总结如下：

A 公司：债务：720 万元人民币，利率 7.0%（+）

本金互换：取得 100 万欧元，利率为“Euribor +23bps”（+）

利率：收取人民币利率 7.0%（-）

净融资成本：“Euribor +23bps”，比原来自己融资欧元的成本“Euribor +43bps”降低了 20bps。

B 公司：债务：100 万欧元，利率“Euribor +23bps”（+）

本金互换，取得 720 万元人民币，利率 7.0%（+）

利率：收取欧元利率“Euribor +23bps”（-）

净融资成本：7.0%，比原来自己融资人民币的成本（7.3%）降低了 0.3%。

以上互换双方本金和利率互换的过程依时间推进，如图 9-4 所示。

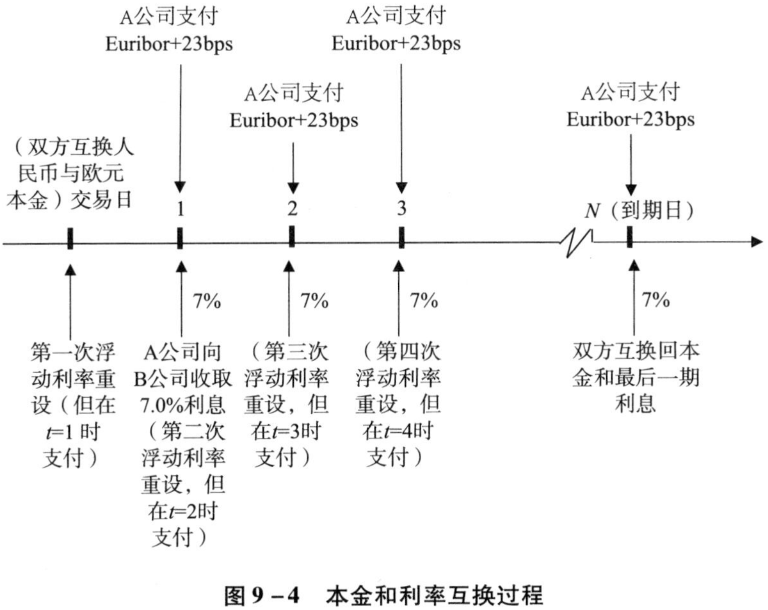

图 9-4　本金和利率互换过程

由 A 公司和 B 公司的跨国货币利率互换的案例可知，双方各自运用其在不同外币资金市场的相对优势，首先取得对方所需的资金，然后进行货币与利率互换；结果，双方都能够取得自己所需的外币资金，同时降低了融资成本。因此，跨国货币利率互换可以说是在不同外币资金市场进行的一种套利。如今，跨国货币利率互换已成为国际金融市场的一个很重要的交易与套利。

注：若互换双方的名义本金是采用相同的货币（比如相同的美元、欧元、人民币或其他货币），且本金金额相等，则跨国货币利率互换会变成一般的利率互换。

关于运用利率互换与跨国货币利率互换作为国际套利策略的更详细的介绍及套利范例，有兴趣的读者可参阅本书作者的另一本书《固定收益证券与衍生品》第十六章和第十七章（机械工业出版社出版）。

三、跨国货币利率互换的定价

因为该互换（或掉期）期初与期末的本金互换都是固定不变，并不受汇率变动的风险。因此，跨国货币利率互换的定价集中于图 9－2 或图 9－4 的两种利率互换。在定价时，可以人民币作为计价单位或以欧元为计价单位（任一个计价单位都可以）。其定价公式与前一章所介绍的相同（即《利率衍生品设计原理与应用》第十四章的第四部分，即第 160～162 页）。或者可参阅本书作者的论文“Currency－Protected Swaps and Swaptions with Nonzero Spreads in A multicurrency LMM”，The Journal of Futures Markets，P827－867（2013），与 J. Chang 和 T. Wu 合著。

第十章
股权互换

一、股权互换特征与经济功能

股权互换（Equity Swap，或称股权掉期）是一种合约，双方约定在某一个事先约定的时间内，按期相互交换不同基础计算的现金流量。掉期的一方承诺按期以双方所同意的股指总收益率乘以双方所同意的名义本金，所计算出的金额支付给掉期对手，同时，对手承诺以固定利率、浮动利率或另一种股指总收益率，并乘以相同的名义本金所计算出的金额支付给对手。股权掉期于 1989 年由信孚银行（Bankers Trust）所引导并推广促销，之后其交易量快速增长，至今已成为世界金融市场的一种重要金融工具。因为股权互换具有货币市场与股票市场的特征，所以，在国际金融市场上，股权互换已整合了货币市场与股票市场。例如，基金经理可以运用股权互换将股价收益率（或风险）转换成为利息收益（或另外一种风险），而不必出售股票仓位或买入新债券，这节省了高昂的交易成本。股权互换也可以作为法规及税负的套利工具，比如，进入方可直接投资的项目或期权产品，降低或规避转移税（Transfer Taxes）、利息的预扣税、资本利得税等。

股权互换有两种形式：一种为固定名义本金的股权互换；另一种为变动名义本金的股权互换。后者是用来创造一个自我融资的股指（或股票）投资（详见本章第三部分），比如，股票基金经理为了能够准确复制一种股指（或 ETF）的收益率，可以运用变动本金的股权互换。而固定名义本金的股权互换可以用来转换固定本金的投资收益率，相当于股市投资收益率的特征。如果不发挥股权互换的这些优越功能，那么我们必须自己构建一个股票投资组合或股指 ETF_S，这样要支付很高昂的成本。运用股权互换，不但可避免这些高昂的成本支出，也很容易得到股指收益率或者复制一个自我融资的股指投资组合的收益率。

二、固定名义本金的股权互换：实务案例

案例 10 -1：固定名义本金

本金的投资收益率就像外国股指的投资收益率。目前 HT 债券基金的利息收入是以 LPR 利率为主的利息收入。债券基金经理认为：未来三年，国内股市会有三年的牛市行情，其总收益率（资本利得 + 股息收入）会高于国内的债券利息。

于是，债券基金经理与 A 银行协议签订股权互换协议，双方约定在掉期有效期内，每 6 个月双方互换收益率，即债券基金经理支付 6 个月的 LPR 利息给 A 银行，并从 A 银行收取 6 个月的沪深（HS）300 指数的总收益（资本利得 + 股息收入）。名义本金为人民币 1 亿元。这个股权互换已将 HT 基金的 LPR 利息收入特征转换成为 HS300 指数总收

益的特征，不必自己去构建自己的股价指数（或投资组合）或构建自己的 HS300 指数 ETF。若自己构建指数，成本会很高，对冲这个股指投资组合的风险也会面临一些困难。股权互换的过程如图 10－1 所示。

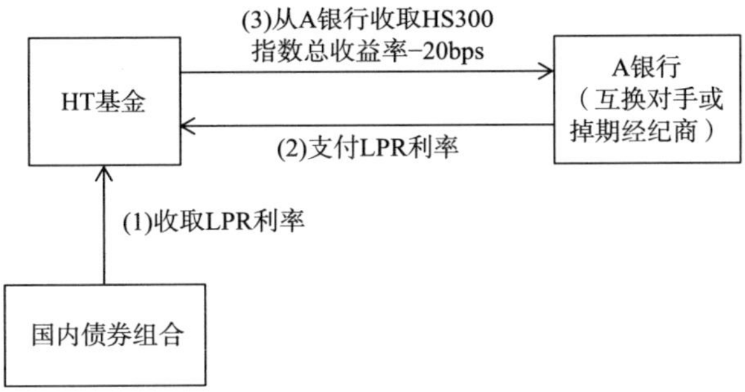

图 10－1　运用股权互换改变资产的特征

观察图 10－1，得知：

$$(1)\ \text{收取 LPR 利率}\underbrace{+(2)\text{支付 LPR 利率}+(3)(\text{收取 HS300 总收益率}}_{(2)\ +\ (3)\ \text{是股权互换}}-20\text{bps})$$

$$=\text{收取 HS 股指总收益率}-20\text{bps}$$

图 10－1 就是将 LPR 的债券投资转变为一个合成的 HS 股指投资。所以，运用股权互换，HT 基金将其 LPR 的利息转换成为 HS300 指数的总收益率减去 20bps。若债券基金经理预测国内三年的牛市是准确的，HT 基金就可获得丰富的牛市高收益。若预测不准确，则可以另外再签订一个反向的股权互换，以对冲原来的股权互换的义务。

图 10－1 所示的股权互换，每 6 个月支付与收取的金额［图 10－1 中（2）和（3）］，计算如下：

$$P_t = \text{支付 LPR 利息} = \left(\frac{\text{实际天数}}{360}\right)\times 6\ \text{个月 LPR 利率} \qquad (10-1)$$

公式（10－1）中，以 1 亿元本金计算；“实际天数”是指每 6 个月的实际天数，可能是 181 天、182 天或 183 天，分母按 360 天计算。

$$R_t = \text{收取 HS300 总收益} = \left(\frac{S_t - S_{t-1}}{S_{t-1}}\right) - 20\text{bps} \qquad (10-2)$$

公式（10－2）中，以 1 亿元本金计算，S_{t-1} ＝每 6 个月的期初 HS300 指数价格，S_t ＝每 6 个月的期末 HS300 指数价格。

$$\text{互换净额} = 1\text{ 亿元} \times (R_t - P_t) \qquad (10-3)$$

注：

1. 这个案例的股权互换名义本金是固定不变的（1 亿元），在后面的章节内会介绍变动名义本金的股权互换。

2. 每一期互换收益率内的利差为 20bps，是为了方便解释。其实，真正合理的利差必须能使股权互换在期初的价值（期望值的现值）为零，只有这样，股权互换的交易才是一个公平的互换赛局（Fair Game）。这个公平合理的利差称为股权互换的交换率（Equity Swap Rate）。

3. 在本案例中，我们可以将 HS300 指数改为 S&P500 指数，于是这个股权互换变成了国内债券收益率与 S&P500 股指收益率的互换，甚至变成 HS300 指数收益率与 S&P500 指数收益率的股权互换。

三、变动名义本金的股权互换：实务案例与自我融资的概念

案例 10－2：变动的名义本金

如果债券基金经理想要运用股权互换去复制 HS300 的收益率，则股权互换的名义本金就必须随着股指价格的变动 $[S(t_i)/S(t_0)]$ 而调整。用案例 10－1 来说明，期初的名义本金为 1 亿元。第一期仍然是 1 亿元，刚开始本金不作调整，但从第二期起到最后一期，名义本金必须随着股指价格的变动进行调整。也就是，第二期起的名义本金为

1 亿元 $\times S(t_i)/S(t_0)$ 。此处，$S(t_0)$ 是期初股价指数的价格，$S(t_i)$ 是第 t_i 期的股指价格，$i = 2,3,\cdots,n$ ，［第二期为 $S(t_2)$ ，第三期为 $S(t_3)$ ，等等］。所以，名义本金会随着股指价格的上涨而往上调整，或随着股指价格的下跌而往下调整。图 10－1 所表示的股权互换内容仍适用于变动名义本金股权互换的过程和内容。但从第一期起，互换净额必须调整股指价格的变动量（或本金的调整倍数）$[S(t_i)/S(t_0)]$ ，如下：

第一互换期：互换净额 = 1 亿元 $\times (R_1 - P_1)$ ，本金没有调整

第二互换期：互换净额 $= [S(t_1)/S(t_0)] \times$ 1 亿元 $\times (R_2 - P_2)$

第三互换期：互换净额 $= [S(t_2)/S(t_0)] \times$ 1 亿元 $\times (R_3 - P_3)$

第四互换期：互换净额 $= [S(t_3)/S(t_0)] \times$ 1 亿元 $\times (R_4 - P_4)$，等等

P_t 和 R_t 的计算公式，是公式（10－1）和公式（10－2）。

所以，从第二互换期起，每一期的互换净额都会根据股指价格变量 $[S(t_i)/S(t_0)]$ 作为倍数来调整名义本金：

$[S(t_i)/S(t_0)] \times$ 1 亿元 $\times (R_i - P_i), i = 2,3,\cdots,n$

我们以表 10－1 的简单数据，来解释每一期名义本金的调整和自我融资的经济概念。

表 10－1　　　　变动名义本金的调整

阶段	股指价格	名义本金调整倍数 $[S(t_i)/S(t_0)]$	互换净额
0	$S_0 = 10$		
1	$S_1 = 9$	起始本金不进行调整	1 × 1 亿元 $\times (R_1 - P_1)$
2	$S_2 = 11$	0.9 倍（= 9/10）	0.9 × 1 亿元 $\times (R_2 - P_2)$
3	$S_3 = 12$	1.1 倍（= 11/10）	1.1 × 1 亿元 $\times (R_3 - P_3)$
4	$S_4 = 10$	1.2 倍（= 12/10）	1.2 × 1 亿元 $\times (R_4 - P_4)$

解释变动本金和自我融资的经济概念，如下：

在第一互换期，本金为1亿元（起始本金）。在第二互换期，前期的股指价格下跌到9元（S_1），则本金的调整缩小到0.9×1亿元。在第三互换期，前期的股指价格上涨到11元（S_2），则本金的调整扩大到1.1×1亿元。在第四互换期，前期的股指价格上涨到12元（S_3），则本金的调整扩大到1.2×1亿元。所以，股指上涨，本金成长；股指下跌，本金缩小。这变动的名义本金就是期初投资股指（或股票）1亿元，其价值（即本金）会随着股指的涨跌而呈现成长或缩小。其间并没有输入或输出任何资金。所以，变动名义本金的特征复制了一个自我融资的股指（或股票）投资（Self - Financing Investment）。

四、固定与变动股权互换的定价：合理的互换利差

在固定和变动的股权互换内，会涉及互换利率（比如图10 - 1内的"-20bps"）。这个利差不是任意选择的互换利差。正如一般的IRS的定价，我们必须在合约签订时就决定一个公平合理的互换利差，这个互换利差能够使IRS的期初价值为零。这个IRS才会是一个公平合理的利率互换交易。同样，对股权互换定价时，必须要决定一个公平合理的股权互换利差（Equity Swap Rate），能使股权互换合约在期初签订时就是一个公平合理的股权互换交易。关于股权互换利差的定价，读者可参阅作者的论文"*Equity Swaps in a LIBOR Market Model*"，*Journal of Futures Market*，P. 893 - 920（2007），与T. Wu合著。另外，关于跨国货币股指互换每一期现金流量的互换及其定价，因为比较复杂，已超出本书设定的难度，故不在此介绍①。

---

① 读者可参阅本书作者的论文"*Cross - Currency Equity Swaps in the BGM Model*"，*Journal of Derivatives*，*Winter* 2007，与T. Wu合著。

第十一章
利率互换期权定价与实务应用

一、利率互换期权的定义与图解

从支付固定利率（K）的角度看，欧式互换期权（European Payer Swaption）是一个期权合约，它允许持有人（支付固定利率的一方）在期权到期日进入利率互换，按期支付给互换对手固定利率（K），并从互换对手收取浮动利率，正如一般的利率互换。在何种情况下，持有人会选择进入（接受）正式的利率互换？只有到期时互换利率大于行权利率（即预先设定的固定利率 K），也就是在期权到期日，互换期权是实值，这样持有人进入利率互换才会有利。以图 11 - 1 表示看涨互换期权与利率互换净现金流量的时程：

令 T_0 为互换期权的到期时刻，$S(T_0)$ 代表在期权到期日 T_0 的互换利率，$T_1 < T_2 < T_3 < T_n$，均为利率互换日期。

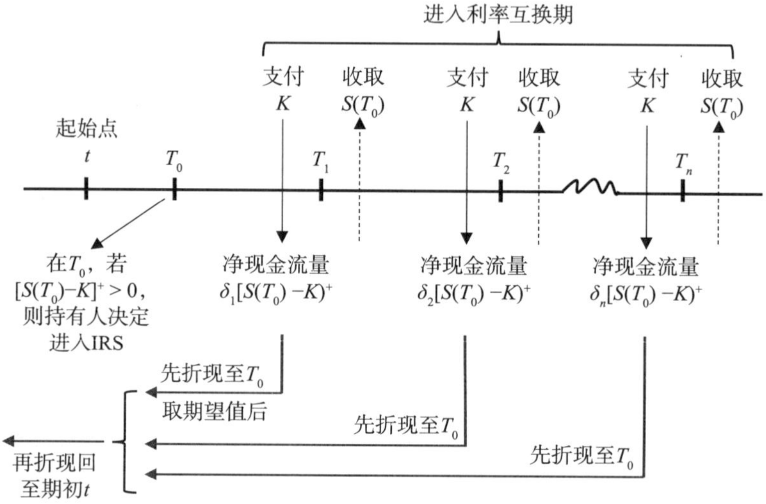

图 11－1　支付固定利率一方的利率互换期权的行权与其净现金流量

此处，δ 代表每一个互换期的时间长度，比如 0.25 年（3 个月）或 0.5 年（6 个月）。在 T_0 的 $[S(T_0)-K]^+=\max[S(T_0)-K,0]$ 是互换期权在到期日 T_0 的交割价值，标的是在期权到期 T_0 的互换利率 $S(T_0)$。若 T_0 时的交割价值大于零｛即 $[S(T_0)-K]>0$，是实值｝，代表支付固定利率 K 的一方选择进入利率互换是有利的，因为每期支付固定利率（K）并收取互换利率 $S(T_0)$ 的净现金流量预期大于零，当然，对支付固定利率的一方有利。若在 T_0 的交割价值小于或等于零，则持有人选择不进入利率互换。

对收取固定利率的一方而言，图 11－1 中的每一期交割净现金流量为 $[K-S(T_0)]^+$。若在期权到期日 T_0 决定进入利率互换，收取固定利率（K）的一方也要支付互换利率 $S(T_0)$ 给他的互换对手。其行权与互换过程与图 11－1 类似。

注：支付固定利率（K）一方的掉期期权被称为支付者掉期权（Payer Swaption），其到期收益为 $[S(T_0)-K]^+$。而收取固定利率（K）另一方的期权被称为收取者掉期权（Receiver Swaption），其到期收益为 $[K-S(T_0)]^+$。

二、支付者互换期权：提增投资收益

案例 11－1：

某信托企业投资于长期债券，利率为 7%。预期一年后，LPR 利率可能会上升，高于 7%。所以，其利率 7% 就显得偏低，从而产生利息亏损。如果该信托企业对这种情况没有把握，还是会担忧的。若要等到将近一年时，该信托企业再做决定进行利率互换，则又可能得不到比较优厚的利率条件。比如，收取的 LPR 利率可能会多减掉几个基差，或者支付更多的固定利率（比如 7% +80bps）。所以，在利率前景尚未明朗时，该信托企业与 A 银行签订协议买入 LPR 的支付者互换期权，为期 1 年。在期权到期日（1 年），若 10y（年）期 CMS 显著高于 7%，则该信托企业可以选择进入 3 年期利率互换；在每一互换期，收取 10yCMS，并支付 7% 给 A 银行。但若在期权到期日，10yCMS≤7%，则该信托企业放弃权利，不进入 3 年的 IRS。我们以图 11－2、图 11－3 和图 11－4 加以详细说明。

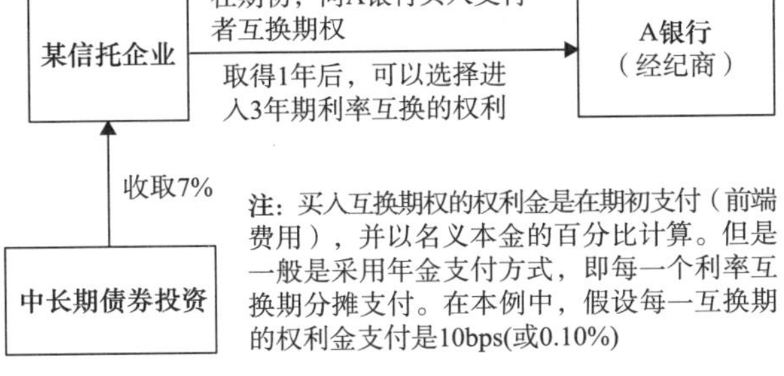

图 11－2　期初协议签订（一）

（1）1 年到期时（$T_0=1$），若当时的 10yCMS≤7%，某信托企业选择不进入 3 年期 IRS。

（2）若当时的 10yCMS > 7%，某信托企业选择进入 3 年期 IRS，如图 11 - 3。为方便计算，以每一年互换一次为例。

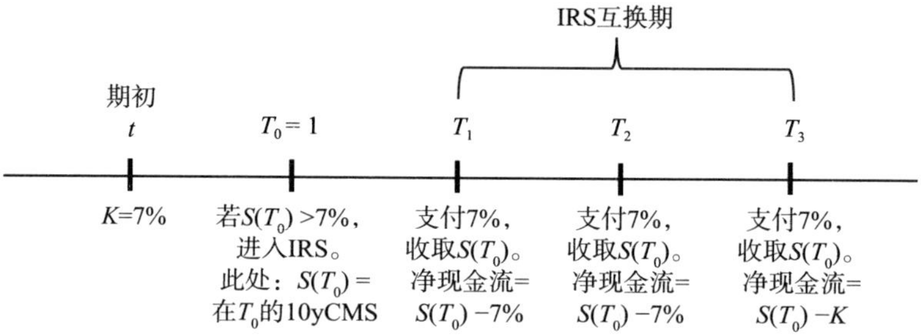

图 11 - 3　期权行权日（T_0 = 1）和日后利率互换期的支付与收取

图 11 - 3 内的利率互换可以用另一个方式图 11 - 4 表示：

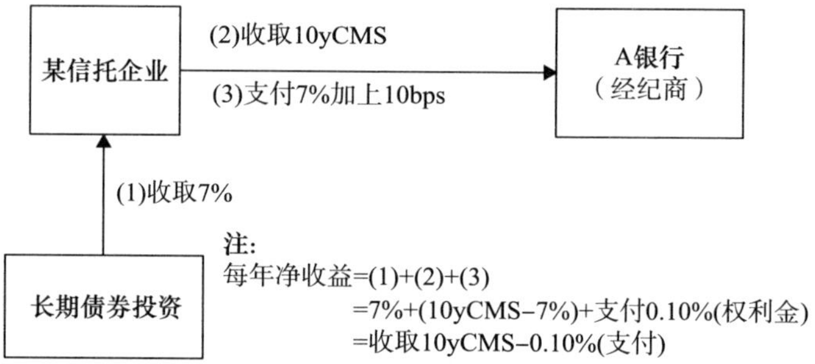

图 11 - 4　进入 IRS 的固定与浮动利率互换结果

在期权到期日（T_0 = 1），因为该期权是实值[$S(T_0)$ > 7%]，某信托企业选择进入为期 3 年的 IRS，每年的 7% 利息收入被转换为比较高的“10yCMS - 0.10%”。只要 10yCMS > 7.10%，该信托企业就可以获得高于 7% 的利息收入。

注： 实务界对这个掉期权的表示方式为：1 × 3。1 是指掉期权到期日为 1 年，而 IRS 有效期为 3 年。

三、收取者互换期权：降低融资成本

案例 11 -2：

BG 企业（或其他金融机构）已发行长期债券，支付固定利率 8%。因为国内外的宏观经济前景不如预期，且预期可能会持续几年。BG 财务部门认为两年后，市场利率很可能跌破 8%。于是与 B 银行签订协议买入收取者 LPR 利率互换期权，有效期为 2 年。在期权到期日（2 年 $=T_0$），若 10y（年）CMS [称为 $S(T_0)$] 明显低于 8%（该期权是实值），则 BG 企业可以选择进入 10 年期利率互换（IRS）。每半年的互换期，则 BG 企业从银行收取 8% 的利息，并支付银行 10yCMS。但若 10yCMS > 8%（该期权是虚值），BG 企业选择不进入 IRS。我们可以图 11 -5 ~ 图 11 -7 进行说明。

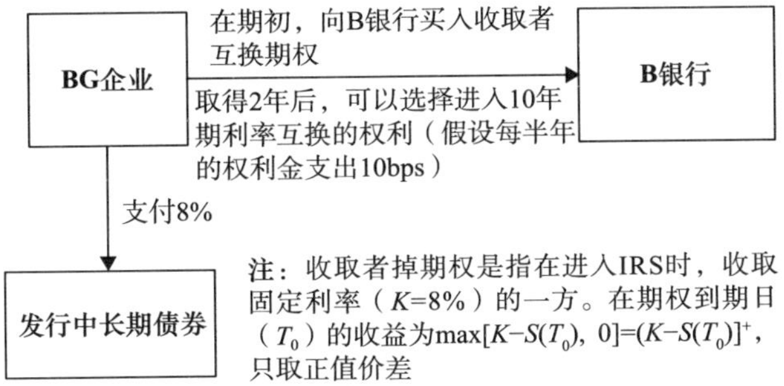

图 11 -5　期初协议签订（二）

（1）在 2 年到期时（$T_0=2$），若当时的 10yCMS≥8%，不进入 IRS。

（2）若当时的 10yCMS < 8%，BG 企业选择进入 10 年期 IRS（为方便计算，以每半年互换一次为例），如图 11 -6 所示。

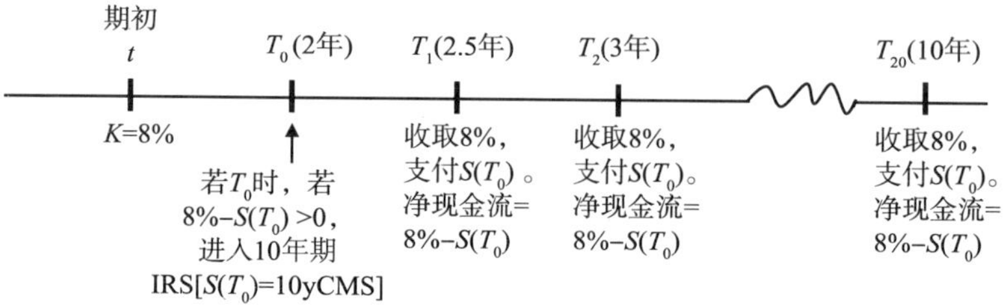

注：这个掉期权，实务界是以4×20表示：4是指掉期权到期日有4个半年期（2年），而20代表后续IRS有20个半年互换期。若是每一年互换一次，则以2×20表示。

图 11－6　期权行权日（T_0＝2）和日后利率互换期的收取与支付

图 11－6 中的利率互换也可以用图 11－7 的方式表示：

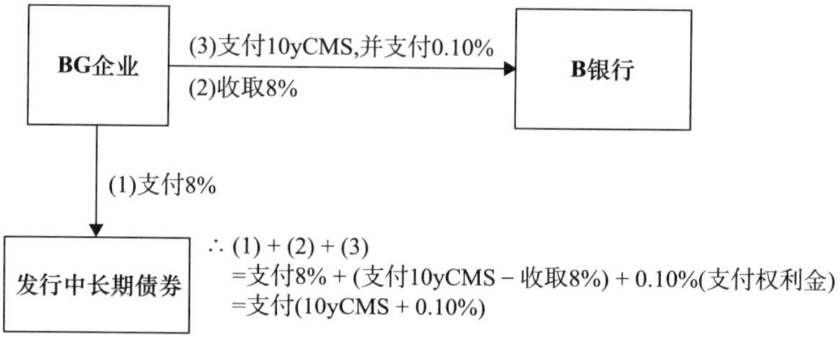

图 11－7　进入 IRS 的 8%与 10yCMS 互换结果

所以，在期权到期日（T_0＝2），若 BG 企业选择进入 IRS，每半年的 8% 利息支出可转换为比较低的 10yCMS＋0. 10%（此处，10yCMS＜7. 9%，才能节省利息成本）。

注：

1. 就互换经纪商（银行）而言，因为与互换对手协议签订掉期权合约时，是出售互换期权给企业（或金融机构）而获得期权权利金的收入，故可以认为银行将利率互换加以利润化（Monetization）。

2. 固定期互换利率（比如，5yCMS 或 10yCMS 不等于 LPR 利率。

它是 LPR 远期利率的加权平均利率［详见第七章的公式（7－2）］。所以，固定期互换利率与 LPR 利率之间会产生基差风险，即 5yCMS－LPR≠0 或 10yCMS－LPR≠0。因为 5yCMS 的决定（或定价）是根据期初定价时点未来 5 年 LPR 的远期利率曲线来进行决定的，而 10yCMS 的决定是根据期初定价时点未来 10 年 LPR 的远期利率曲线来进行决定的。有兴趣的读者可参阅作者的书《利率衍生品设计原理与应用：案例分析》第十二章 136～137 页，以及《固定收益证券与衍生品》第十五章 184～188 页、第十八章 209～223 页。

四、运用支付者互换期权做投机交易

在案例 11－1 中，我们假设某信托企业并没有现存的对冲仓位（没有债券投资），而只是预期未来一年间，利率会上行导致在未来一年后，当时的 10yCMS 会高于 7%。因此，在期初（t）该信托企业决定向 A 银行买入一年期的支付者互换期权，在期权到期日（$T_0=1$），该信托企业有权利选择进入 3 年期的利率互换（IRS）；在每一互换期，该信托企业支付 7% 给 A 银行，并从 A 银行收取 10yCMS。若该信托企业的预期是正确的，在期权到期日，该期权是实值，即因为利率上行使当时的 10yCMS 大于 7%（即 10yCMS＞7%）。该信托企业有权利选择进入 3 年期的 IRS：在每一年的互换期，该信托企业收取比较高的 10yCMS，并支付比较低的 7%，因而每一互换期获利 100 万元×(10yCMS－7%)，为期 3 年（100 万元是名义本金）。当然，还要扣减每一年的掉期权的权利金 0.10%。但若该信托企业预期不正确，在掉期权到期日（$T_0=1$），10yCMS≤7%，则该期权是虚值，从而变成一文不值，该信托企业唯一的亏损是每一年期权费用 10bps 的亏损（共 3 年），其现值是总亏损。

在该掉期权到期时，若该期权是实值（即 10yCMS > 7%），该信托企业可以采取三种方式获利：

一是选择进入 3 年的 IRS，在每一互换期收取 10yCMS（较高），并支付 7%（较低）。

二是在掉期权到期之前，该期权已进入实值时，将原来买入的支付者掉期权在掉期市场出售，获得出售当时的收益 $[S(t_1)-7\%]$，$S(t_1)$ 是出售时点 t_1 的 10yCMS（扣减 3 年的权利金费用 3 × 0.10%）。

三是稍微复杂一点，该信托企业在进入 IRS 后，再与第三方（也许是 B 银行）进行一个与原来掉期相反的掉期（称为反向掉期）。在这个反向掉期的每一互换期，该信托企业向 B 银行收取固定利率（K^*）并支付（原来的）10yCMS。此时的固定利率（K^*）一定会高于原来该信托企业支付的 7%，这是因为市场利率上行到期权到期日（$T_0=1$）的时候，当时的固定利率（K^*）已反映了利率上行的效应，以致 $K^*>7\%$。比如，当时的 $K^*=7.8\%$，所以获利 0.80%（即 7.8% − 7%）的利息，再扣减期权费用 0.10%，净获利 0.70%。

注：在这个反向掉期，该信托企业支付 10yCMS，刚好与原来收取 10 年 CMS 抵消掉。

五、运用收取者互换期权进行投机交易

在案例 11 − 2 中，我们假设 BG 企业并没有发行债券的仓位，只是预期未来两年市场利率会走低，而且很可能会低于 8%。因此，在期初（t）BG 企业决定向 B 银行买入 2 年期的收取者 LPR 利率的互换期权。在期权到期日（$T_0=2$），BG 企业有权利选择进入 10 年期的利率互换（IRS）：在每半年互换期，BG 企业向 B 银行收取固定利率 8%，并支付给 B 银行 10yCMS。若 BG 企业的预期是正确的，在期权到期日，该期权是实值，即

因为利率下行致使当时的 10yCMS 低于 8%（即 10yCMS < 8%）。BG 企业有权利选择进入 10 年期的 IRS：在每半年的互换期，BG 企业从 B 银行收取比较高的 8%，并支付给 B 银行比较低的 10yCMS，因而每半年互换期获利 100 万元 × (8% − 10yCMS)，为期 10 年（100 万元是名义本金），并扣减每半年的权利金费用，比如 10bps。但若 BG 企业预期不正确，在掉期权到期日（$T_0 = 2$），10yCMS ≥ 8%，则该期权是虚值，变为一文不值，BG 企业亏损是每半年期权费用 10bps 的亏损（共 20 个半年期），其现值是总亏损。

在期权到期日时，若该期权是实值（即 8% > 10yCMS），BG 企业可采取三种方式获利（类似本章第三部分的三种方式）：

一是选择进入 10 年的 IRS，在每半年互换期收取 8%（较高），并支付 10yCMS（较低）。

二是在掉期权到期 2 年之前，该期权已进入实值时，将它在掉期市场出售，获得出售当时的收益 [$8\% - S(t_1)$]，$S(t_1)$ 是出售时点 t_1 的 10yCMS。

三是 BG 企业在进入 IRS 后，再与第三方（比如 C 银行）进行与原来掉期相反的掉期（反向掉期）。在反向掉期的每半年互换期，BG 企业向 C 银行支付固定利率（K^*），并从 C 银行收取 10yCMS。此时的固定利率（K^*）一定会低于原来 BG 企业收取的 8%，因为市场利率下跌到期权的到期日（$T_0 = 2$）的时候，当时的固定利率 K^* 已反映了利率下跌的效应，导致 $K^* < 8\%$。比如，当时的 $K^* = 7.20\%$，则 BG 企业每半年可获利 0.80%（即 8% − 7.20%）的利息，再扣减 10bps 期权费用。

注：在这个反向掉期，BG 企业收取 10yCMS，刚好与原来支付 10yCMS 抵消掉。

六、运用收取者互换期权将可赎回债券转换为不可赎回债券：降低融资成本

案例 11－3：出售收取者互换期权［或 A 银行买入该期权，其到期收益为$[K-S(T_0)^+]$］

HW 公司发行 6 年期可赎回债券（Callable Bonds），债息为 8%。债券发行后第 3 年，HW 公司有权利以票面金额 10 万元赎回该债券（前 2 年为闭锁期，不可以赎回）。同时，HW 公司财务经理预期未来二三年利率上行的概率高，出售收取者互换期权，在二年到期时变为虚值的概率也高，并且可获得期权权利金收入，可以用来降低债息成本。于是，HW 公司向 A 银行出售收取者互换期权，为期 2 年，在 2 年期到期时，A 银行有权利选择进入 4 年期的利率互换（IRS）：在每一半年互换期，A 银行向 HW 公司收取固定利率 8%（$=K$），也为 HW 公司的债息 8%，并支付 HW 公司 10yCMS（它是期权 2 年到期时的 10yCMS［即 $S(T_0)$］。此外，HW 公司出售该期权获得每半年互换期的权利金收入 15bps。这个互换期权交易可以图 11－8 表示：

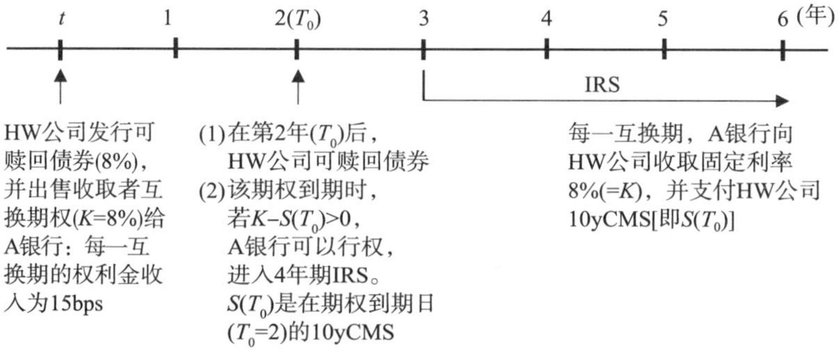

图 11－8 HW 公司发行可赎回债券并出售收取者掉期权与 IRS 的互换过程

当时间推移到该期权到期日（$T_0=2$ 年），HW 公司融资成本的多少与 A 银行是否行权进入 4 年期的 IRS，完全要看利率的走势是上行或下行。我们分析如下：

一是正如期初的预期，若利率是上行，债券价格下跌（低于票面金额 10 万元），HW 公司不会赎回债券，则该债券成为不赎回债券（Non-callable Bond）。同时，因为利率上行使在 $T_0=2$ 年的 10yCMS 上涨高于 8%（$=K$），即 $K-10yCMS<0$，该期权成为虚值，对 A 银行不利。因此，A 银行放弃行权，不进入 IRS。所以，HW 公司的净融资成本为 7.85%（=原来债券利息 8% − 权利金收入 15bps），比原来的债息低 15bps。这是因为 HW 公司在期初出售了收取者掉期权给 A 银行的每一互换期的权利金收入，所以，在预期正确的利率上行的情况下，该可赎回债券变为不赎回债券。同时，债券的利息成本变为 7.85%，节省了 15bps。

二是若预期不正确，利率不上行反而下行，债券价格会上涨高于票面金额，致使 HW 公司赎回债券，则在第 2 年后，HW 公司不必每年支付 8% 的债息。但是利率下行会导致该期权在到期时（$T_0=2$），10yCMS 下跌低于期权行权的 8%（K），则该期权成为实值，即 $8\%-10yCMS>0$，这对 A 银行行权进入 4 年期 IRS 有利。因为在每一互换期，A 银行向 HW 公司收取 8% 的利息是比较高的，而支付了较低的 10yCMS 给 HW 公司。所以，HW 公司的债息利率变为：

支付 A 银行 8% + HW 公司收取 10yCMS + 收取 15bps（期权权利金收入）= 支付 7.85% + 收取 10yCMS（此处没有加入每一互换期时间因子）

所以，在利率下行的情况下，虽然 HW 公司赎回债券，没有债息的负担，但仍然有履行 IRS 责任的义务。其 IRS 利息的负担要视 10yCMS 的大小。若 10yCMS 稍微低于 8%，比如 10yCMS = 7.8%，则 HW 公司

IRS 的利息负担等于 0.05%（即 7.85% - 7.8%，每一互换期）。但若 10yCMS 比 8% 低很多，比如 10yCMS = 7.40%，则 HW 公司 IRS 的利息负担等于 0.45%（即 7.85% - 7.40%，每一互换期）。10yCMS 越低，其 IRS 利息负担会越大。当利率下行越低时，10yCMS 会越低，HW 公司的 IRS 利息负担也就越大。我们以图 11 - 9 表示利率下行时 HW 公司的 IRS 利息负担：

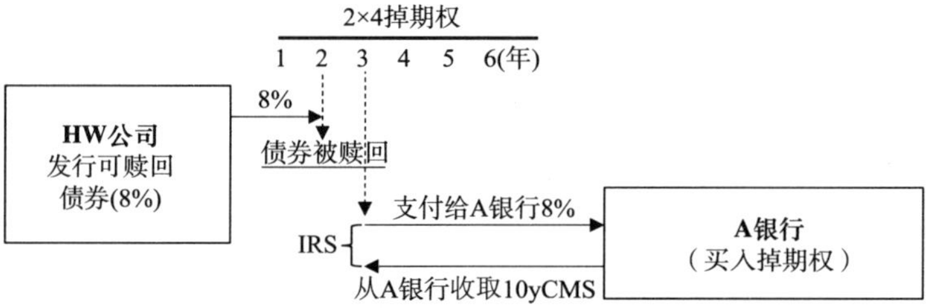

图 11 - 9　HW 公司债券赎回与 IRS 利息负担

七、运用支付者互换期权将可回售债券转换为不可回售债券：降低融资成本

案例 11 - 4：出售支付者互换期权①

BG 企业发行 5 年期可回售债券（Puttable Bonds），债息为 7%。债券发行后第 3 年，BG 企业允许债券投资者有权利以票面金额 10 万元将债券回售给 BG 企业（前 2 年为闭锁期，不可回售）。同时，BG 企业财务经理预测未来二三年利率下行的概率高，出售给支付者的互换期权在第 2 年到期时变为虚值的概率也高，并且可获得期权权利金收入，

① 或 A 银行买入该期权，其到期收益为 $[S(T_0) - K]^+$。

可以用来降低债息成本。于是，BG 企业向 A 银行出售支付者互换期，为期 2 年。在 2 年期权到期时，A 银行有权利选择进入 3 年期的利率互换（IRS）：在每一半年互换期，A 银行向 BG 企业收取期权到期时的 8yCMS，并支付 7%（K）给 BG 企业。此外，BG 企业出售掉期权给 A 银行，获得每半年互换期的权利金收入 20bps。这互换期权交易可以图 11－10 表示：

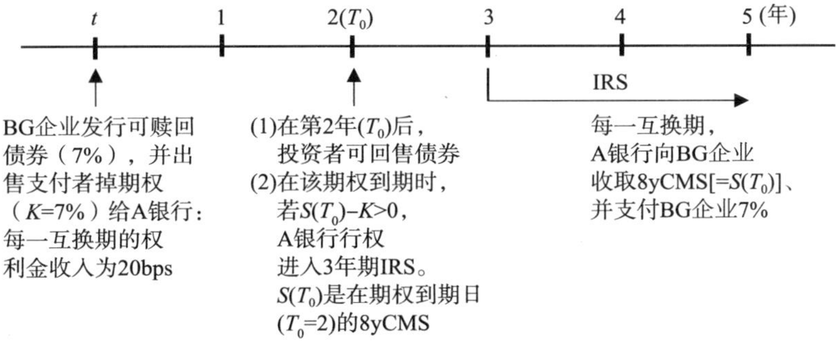

图 11－10　BG 企业发行可售回债券并出售支付者掉期权与 IRS 的互换过程

当时间推移到该期权到期日（T_0＝2 年），BG 企业融资成本的多寡与 A 银行是否行权进入 3 年期 IRS，完全要看利率的走势是上行或下行。我们分析如下：

一是正如期初的预期，若利率是下行，债券价格上涨（高于票面金额 10 万元），投资者不会以 10 万元回售给 BG 企业，则该债券成为不回售债券（Nonputtable Bond）。同时，因为利率下行致使在 T_0＝2 年的 8yCMS 下跌低于 7%（＝K），即 8yCMS－7%＜0，该期权成为虚值，对 A 银行不利。因此，A 银行放弃行权，不进入 IRS。所以，BG 企业的净融资成本变为 6.80%（＝原来债券的 7%－权利金收入 20bps），比原来的债息低 20bps。这是因为 BG 企业在期初出售了支付者掉期权股给 A 银行的每一互换期的权利金收入。所以，在预期正确的利率下行情况下，该可回售债券变为不可回售债券。同时，债券的利息（成本）变为 6.80%，节省了 20bps。

二是若预期不正确，利率没有下行反而上行，债券价格会下跌低于票面金额，致使债券投资者回售债券给 BG 企业，则第 2 年后，BG 企业不必每年支付 7% 的债息。但是利率上行会导致该期权在到期时（$T_0=2$ 年），8yCMS 上涨高于期权的行权价 7%（$=K$），则掉期权成为实值，即 8yCMS > 7%，这对 A 银行行权进入 3 年期 IRS 有利。因为在每一互换期，A 银行向 BG 企业收取比较高的 8yCMS，并支付给 BG 企业比较低的固定利率 7%，所以，BG 企业的债息利率变为：

支付 A 银行 8yCMS + 收取 7% + 权利金收入 20bps = 支付 8yCMS + 收取 7.20%（此处尚未加入每一互换期时间因子）

在利率上行的情况下，虽然投资者回售债券给 BG 企业，BG 企业没有债息的负担，但仍然有履行 IRS 责任的义务。其 IRS 利息的负担要视 8yCMS 的大小。若 8yCMS 稍微高于 7%，比如 8yCMS = 7.20%，则 BG 企业的利息负担等于零（= 7.20% − 7.20%）。但若 8yCMS = 7.30%，则 BG 企业的利息负担等于 0.10%（即 7.30% − 7.20%）。当利率上行时，8yCMS 比 7.20% 越高，BG 企业的 IRS 利息负担也会越高。我们以图 11－11 表示利率上行时，BG 企业的 IRS 利息负担：

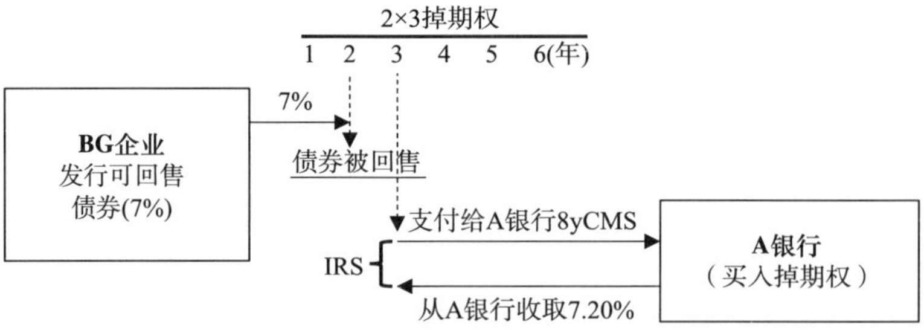

图 11－11　BG 企业债券被回售与 IRS 利息负担

八、支付者/收取者掉期权与利率上限/下限期权的类似特征比较

（一）我们对支付者掉期权与利率上限期权作比较分析

1. 支付者掉期权的掉期收益 = $[S(T_0) - K]^+$

$S(T_0)$ = 在该期权到期时(T_0)的掉期利率

在掉期权到期日（T_0），若 $S(T_0) > K$，则该期权的买方行权进入 IRS。在每一互换期，买方收取远期掉期利率 $S(T_0)$，并支付行权利率 K 给掉期对手。所以，虽然支付者掉期权是一个单一的期权，它代表一系列做多的远期利率协议（Forward Rate Agreement，FRA）。每一利率互换期就是一个做多的 FRA，其收益为“$S(T_0) - K$”，而且 $S(T_0)$ 是做多的 FRA 标的利率，K 是 FRA 要锁定的利率。若利率上行导致远期掉期利率（即互换利率）上涨高于行权利率 K，则每一个 FRA（即每一个利率互换期）内该掉期权的买方获得的收益等于“$S(T_0) - K$”的利差。这个利差就可以对冲掉利率上行带来的利息成本的增加。这样，利息成本就能够锁定在期初的利率水平（K）。

2. 利率上限期权（Cap）由几个利率上涨期权（Caplet）组合而成。其中，每一个利率上涨期权的到期日正如同 IRS 内的每一个利率互换期。每一个 Caplet 挂钩的利率（或标的利率）是 Caplet 有效期内的远期 LPR 利率。当远期 LPR 利率上行高于期初锁定的利率 K 时，Caplet 变为实值。比如，$3m\ LPR_t > K$（此处 m 代表月，t 代表第 t 期）。这类似支付者掉期权后续 IRS 的收益 $S(T_0) > K$。此外，Caplet 的标的利率是远期 LPR 利率，而掉期权后续 IRS 的标的利率是远期 LPR 在 T_0 时点的掉期利率 $S(T_0)$。当然，远期 LPR 利率不等于远期掉期利率，即 LPR $\neq S(T_0)$，后者是前者的加权平均利率。此外，正如支付者掉期后续的 IRS，当利率上行时，每一个 Caplet 都能够锁定期初的利率成本（K）。我们以图 11－12 表示上面两点的分析结果：

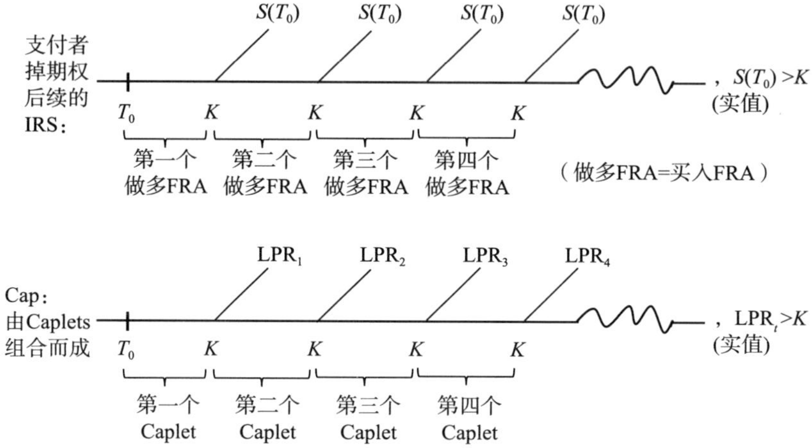

图 11-12 掉期权后续 IRS 与 Cap 内 Caplets 比较

（二）收取者掉期权与利率下限作比较分析

1. 收取者掉期权的到期收益 $= K - [S(T_0)]^+$。在掉期权到期日（T_0），若 $S(T_0) < K$，则该期权的买方（即收取者）行权进入 IRS。在每一互换期，买方收取行权利率 K，并支付远期掉期利率 $S(T_0)$ 给掉期对手。所以，虽然支付者掉期权是一个单一的期权，它代表一系列做空的远期利率协议（FRA），其收益为"$K - S(T_0)$"，而且 $S(T_0)$ 是做空的 FRA 的标的利率，K 是 FRA 要锁定的利率。若利率下行导致远期掉期利率 $S(T_0)$ 下跌低于行权利率 K，则每一个（做空）FRA（即每一个利率互换期），该掉期权的买方获得的收益等于"$K - S(T_0)$"的利差。这个利差就可以弥补利率下跌所减少的利息收益。因此，投资的收益就可以维持（或锁定）在期初的利率（收益）水平（K）。

2. 利率下限期权（Floor）由几个利率看跌期权（Floorlet）组合而成。其中，每一个利率看跌期权的到期日如同 IRS 内的每一个利率互换期。每一个 Floorlet 挂钩的利率是 Floorlet 有效期内的远期 LPR 利率。当远期 LPR 利率下行低于期初锁定的利率 K（即行权利率）时，Floorlet 变为实值，比

如 $K>3\text{mLPR}_t$。这类似收取者掉期权后续 IRS 的收益 $K>S(T_0)$。此外，Floorlet 的标的利率是远期 LPR 利率（与 Caplet 相同的标的利率），而掉期后续 IRS 的标的利率是远期 LPR 在 T_0 时点的掉期利率 $S(T_0)$。当然，远期 LPR 利率不等于远期掉期利率 $S(T_0)$，后者是前者的加权平均利率。此外，正如收取者掉期后续的 IRS，当利率下行时，每一个 Floorlet 都能锁定期初的利率收益水平（K）。我们以图 11－13 表示上面两点的分析结果：

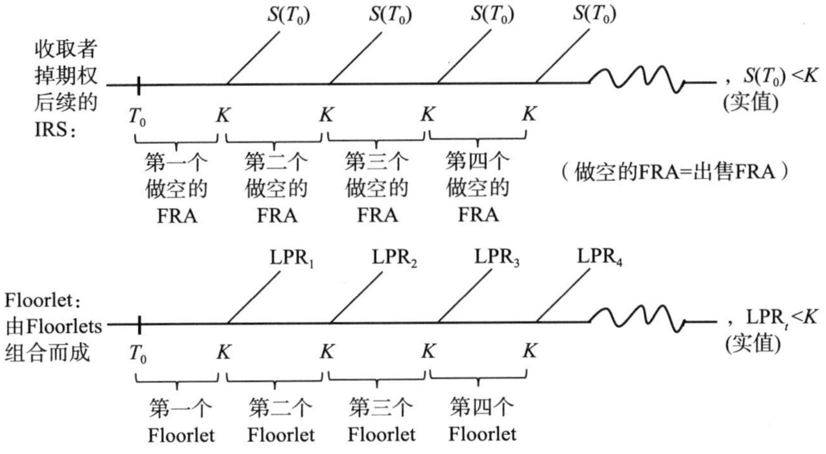

图 11－13　掉期权后续 IRS 与 Floor 内 Floorlets 的比较

九、互换利率与互换期权定价：案例与计算

企业或金融机构向掉期经纪商买入互换期权时，必须支付期权的权利金（或期权费用）给经纪商。为了让读者了解定价的数值分析，我们采用本书作者的《固定收益证券与衍生品》[①] 一书内支付者互换期权的定价公式：

① 详见本书作者的书《利率衍生品设计原理与应用》第十二章的理论定价模型，38～141 页，机械工业出版社。

支付者掉期权的定价公式：

＊其到期收益 = $[S(T_0) - K]^+$，$-K$ 代表支付 K

$$S_p^*(t) = PVBP(t)[S(t)N(d_1) - KN(d_2)] \tag{11-1}$$

收取者掉期权的定价公式：

＊其到期收益 = $[K - S(T_0)]^+$，$+K$ 代表收取 K

$$S_p^*(t) = PVBP(t)[-S(t)N(-d_1) + KN(-d_2)] \tag{11-2}$$

此处：

$$PVBP(t) = \sum_{k=1}^{n} \delta_k P(t, T_k), \text{基点的现值}$$

$$= \delta \sum_{k=1}^{n} P(t, T_k) \tag{11-3}$$

若每一个复利期都相等，$\delta_k = \delta$，例如，都是以一季 90 天/360 天 $= \delta$。$P(t, T_k)$ = 在期初（t）到期日 T_k 的零息债券价值。$P(t, T_k)$ 可从债券市场数据获得，或根据到期收益率曲线折现计算。$S(t)$ = 在期初（或定价时）的互换利率，它可由市场报价数据得到（不必计算）：

$$d_1 = \frac{In\left[\frac{S(t)}{K}\right] + \frac{1}{2}V_s^2}{V_s}$$

$$d_2 = d_1 - V_s$$

V_s 为互换率变动百分比的波动率（标准差）；

$N(\cdot)$ = 标准正态分布累积概率。

注：定价公式（11－1）与公式（11－2）被称为 Black 定价公式，因为该定价公式类似 Black 的期货期权定价公式（读者可参阅作者的书《金融工程学：金融创新科技》第四章，中国财政经济出版社）。

我们举例说明如何利用公式（11－1）与公式（11－2）计算互换期权的价值。

案例 11－5：

某一个支付者利率互换期权（Payer Swaption）到期日为 3 个月。到期日持有人可选择是否进入 9 个月期的利率互换，利息每 3 个月交换一次，持有人每一期支付固定利率 2%，并从交换对手收取浮动利率。交换利率变动百分比的波动率为 20%（V_s）。在起始日的利率期限结构如图 11－14 所示。

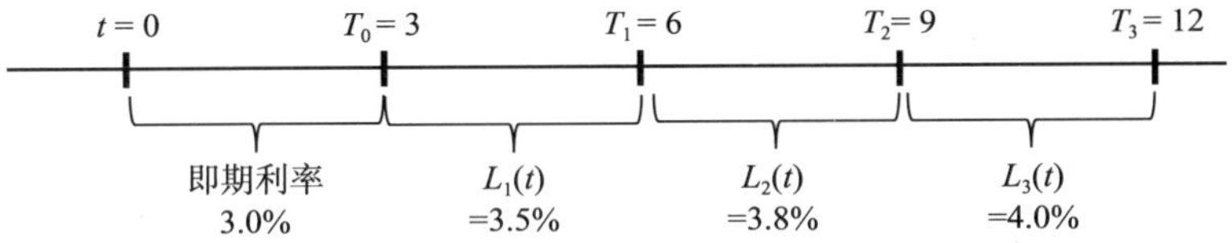

图 11－14　利率期限结构

第一，由第七章第四部分根据远期利率已求算出的零息债券价格可知：

$P(t,T_0)=0.993$，$P(t,T_1)=0.984$

$P(t,T_2)=0.975$，$P(t,T_3)=0.965$

$$\delta=\frac{3}{12}=0.25$$

同时也可计算出，在起始日的互换率为：

$S(t)=3.83\%$，$K=2\%$

第二，公式（11－1）内的 $PVBP(t)$ 其实是互换率的分母：

$$PVBP(t)=\delta\sum_{k=1}^{3}P(t,T_k)=0.731$$

（根据上面 3 个零息债券计算）

第三，计算公式（11－1）内的 d_1 及 d_2（四舍五入）：

$$d_1=\frac{\ln\left(\frac{0.0383}{0.02}\right)+\frac{1}{2}\times 0.2^2}{0.2}=3.35$$

$d_2 = d_1 - V_s = 3.35 - 0.2 = 3.15$

$N(d_1) = N(3.35) \cong 1$

$N(d_2) = N(3.15) \cong 1$

所以，根据公式（11－1）计算互换期权的期初价值，可知：

$S_p^*(t) = 0.731 \times (0.0383 \times 1 - 0.02 \times 1)$

$= 1.3377\%$（每一元名义本金）

若名义本金为100万元，则：

$S_p^*(t) = 100$ 万元 $\times 1.3377\% = 1.3377$ 万元

在起始日掉期支付固定利率（2%）的一方，必须支付1.3377万元的权利金之后，取得权利可在互换期权3个月到期（T_0）时，决定是否进入为期9个月期的利率互换（IRS）。若支付固定利率的一方要决定进入IRS，则在每一期他必须支付利率2%给互换对手（即互换期权的卖方），并从互换对手收取期权到期日（T_0）的互换利率$S(T_0)$，直至IRS的到期日T_3。若支付固定利率的一方决定不进入IRS，则没有利率互换，一切在T_0终止。互换过程如图11－15所示。

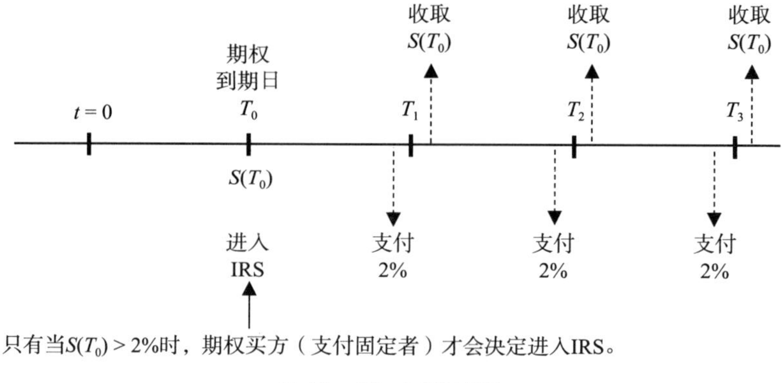

图11－15 互换过程

十、利率互换期权的实务界报价：远期互换利率的隐含波动率

实务界对利率互换期权（或称掉期权）的报价是以掉期利率（即互换利率）的波动率来报价，这与股权和外汇期权的报价很类似，都是以挂钩标的收益率的波动率来报价。但都是以隐含波动率报价。股权和外汇期权的报价是根据其平值期权的市价，再运用 Black – Scholes（BS）定价公式来反推其波动率。因为这个波动率是隐含在期权市价内，故称为隐含波动率。而掉期权的波动率是根据平值掉期权的市价，再运用 Black 定价公式，即公式（11 –1）或公式（11 –2）来反推其波动率的，故这个反推的波动率称为 Black 隐含波动率。

经纪商仅对流动性比较好的平值掉期权进行隐含波动率报价。比如，掉期权的 7 个有效期 1 年、2 年、3 年、4 年、5 年、7 年、10 年，而其后续利率互换（IRS）的 10 个有效期 1 ~ 10 年，每一年都有到期日。经纪商仅对这 8 × 10 掉期权的平值隐含率报价。我们运用表 11 –1 举一个典型的 Black 平值隐含波动率的案例。

表 11 –1　　Black 平值隐含波动率（%）

	掉期有效期					
掉期权有效期	1 年	2 年	3 年	…	9 年	10 年
1 年	15.2	14.4	13.2	…	11.1	10.5
2 年	16.5	14.1	12.9	…	10.5	10.1
3 年	16.4	14.0	12.6	…	10.1	9.9
4 年	15.6	13.5	11.5	…	9.8	9.4
5 年	14.2	12.6	11.1	…	9.3	9.1
7 年	13.1	11.5	10.7	…	8.9	8.5
10 年	12.2	10.2	9.6	…	7.5	7.2
						最低隐含波动率

注：经纪商不一定经常根据市场情况修正调整所有的隐含波动率，可能仅就流动性比较高的掉期权进行经常性修正调整。其他没有经常性被修正调整的隐含波动率可能会有误差，使用者应该尽量运用自己的交易经验去修改调整。根据平值隐含波动率，其他非整数有效期的掉期权（比如2.5×7.4，3.2×5.6，等等），可以运用非线性插补法（Spline Function）去求算隐含波动率。

观察表11－1的内容，可以解释其隐含的经济意义，分析如下：

1. 除了一年期的掉期外，其他有效期到期（从2年到10年）的隐含波动率会随着掉期权有效期的增加而逐渐下降（纵向进行比较）。

2. 就任何一个掉期权的有效期而言，隐含波动率会随着利率掉期有效期的增加而下降（横向进行比较）。

3. 根据第一点和第二点的结论，以及表11－1的内容，我们可以观察到：掉期权与利率互换的有效期越长，其隐含波动率越低。比如，10×10掉期权所显示的隐含波动率为7.2%，是表11－1内最低的波动率。10×9掉期权的隐含波动率为第二低（7.2%）。

综合上述三点分析的结果，我们可知，掉期权的有效期越长，其隐含波动率越低。我们可以从利率期限结构（或曲线）来解释。当宏观经济因素冲击利率期限结构时，短期和中期利率（1～7年）受到的冲击会比较大，其变动幅度比较大，因此波动率也比较大。比较长期的利率受到的冲击相对低，其波动率也相对小，尤其是10年以上的利率。此外，互换利率是未来远期利率的加权平均利率。加权平均利率的波动率会更小于短期、中期、长期的单一利率。特别是当利率互换期权的有效期拉长时，加权平均利率（即互换利率）内远期利率的有效期限会比较长。所以，加权平均利率的波动率就会相对低。以上的原因可解释"为何掉期权的有效期越长，其隐含波动率就逐渐下降"。

这个隐含波动率其实是掉期权到期时远期利率（即掉期利率）的波动

率，比如，5×10 掉期权到期时（5 年到期）的远期互换利率的波动率，是根据该期权的市价并运用 Black 定价公式反推求算出来的隐含波动率。因为这个波动率在掉期权期初是个未知数，但经由其市价和 Black 定价公式可以估算出来。这个隐含波动率代表掉期市场所有交易参与者对未来远期互换利率（从期初到 5 年）到期时波动率的共识值（大家认同的波动率且是未来的波动率）。此外，在期初，5 年到期时的远期互换利率 $S(T_0)$ 不但是未知，而且呈现随机过程（$T_0=5$ 年）。但是在定价时，理论告诉我们，这个远离期初（或定价时点）的 5 年远期互换利率可以根据期初的远期互换利率曲线（或期限结构）寻找（或估算）这个 5 年远期互换利率。其他的期权（比如，2×4、5×7，或 3×9 等）的隐含波动率和其对应的远期互换利率都可以作类似的解释。所以，对掉期权（即利率互换期权）定价之前，我们必须首先构建远期互换利率的期限结构以及远期互换利率的波动率期限结构。当然，这是另外一个比较有难度的议题，在此不再介绍了。

第十二章
利率掉期应用于利率敏感资产负债管理：零久期的构建

企业与金融机构利用掉期合约对利率风险和汇率风险管理的应用甚为广泛。掉期合约常被应用于资产与负债对冲（或降低）利率和汇率变动所产生的风险，而且掉期合约的使用不会改变现有资产和负债组合的结构（或特征）。若没有运用掉期合约，财务经理可能需要处理某些资产或负债，而买入或卖出部分资产，或降低负债金额，以对冲利率和汇率变动的风险。但这样的做法会产生高昂的交易费用，而且也不是有效率地对冲这些风险的方法。能够运用掉期合约，不会产生因为改变资产和负债组合结构而带来的高昂费用。掉期合约广泛应用于发行新证券时，以便降低融资成本，提增投资收益，这就是所谓的结构式融资或投资。此外，若企业财务经理的市场经验丰富，而且拥有市场参与者所没有的信息（即不对称信息），他可以很快地运用掉期合约进行套利。比如，企业对自身信用质量的估值时会比较清楚，可以运用信用掉期合约进行套利信用利差。

一、利率掉期应用于资产负债管理：单一资产或负债管理

首先我们用两个图来表示运用利率掉期合约（IRS）来对冲具有利率敏感的资产和负债的利率风险的方法。

案例 12－1：

H 企业（或某家金融机构）拥有一项资产投资，是 3 年期固定利率 4% 的债券，每半年付息一次。财务经理认为未来利率会上升，很可能高于 4%，若守住目前的固定利率 4% 的投资，可能会有比较大的利息收入损失。于是财务经理与 A 银行（掉期经纪商）协议签订一个利率掉期合约。该合约让 H 企业在每半年的互换期，将自己收到的半年利率（2%）转付给 A 银行，并从 A 银行收取 6 个期 LPR 利率。这个掉期合约已经将 H 企业的固定利率收入转换为浮动利率的利息。因此，随着市场利率的上升，H 企业的利息收入也上升了，也就是：

（原 4% 收入）+ IRS（收取浮动利率 LPR － 支付固定利率 4%）= 收取浮动利率 LPR。

以图 12－1 表示如下：

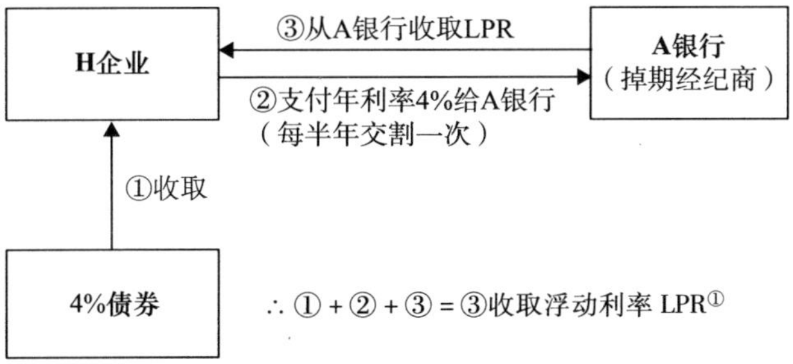

图 12－1　企业与掉期经纪商的掉期过程

① 图 12－1 中的三项交易结果成为收取浮动利率 LPR，①和②相互抵消。

透过掉期合约，H 企业每半年的固定利率收入已转换为浮动利率LPR，只改变了利率收入的特征（由固定利率转换浮动利率），在资产负债表内的4%债券投资并没有改变。承做 IRS 的成本很低，是一种很有效率的对冲利率上升风险的方法。

注：透过 IRS 后，该固定利率投资的久期变为零，也就是该债券投资免疫于利率的变动。

同样，若 H 企业已有的债券投资是浮动利率的收入，面临利率下跌，利息收入下降，则也可以运用 IRS，将自己的浮动利率收入转付给掉期经纪商，并从掉期经纪商收取固定利率。如此，就不会有利率下跌带来的利息收入降低。运用 IRS 后，其久期为零。关于久期的计算和其经济意义，请参阅本书作者所著《金融风险管理》第十二章107～110 页，也可参阅本书第十六章第三部分的介绍。

案例 12－2：

某企业（或金融机构）已发行了浮动利率票券（FRN）作为融资，其利率为 6 个月期 LPR（或 SHIBOR）。财务经理认为未来利率会上升，会使融资成本的增加，于是与掉期经纪商 B 银行承做一笔利率掉期。该掉期使该企业从 B 银行收取 LPR 利率，再立即转付给债权人，同时该企业支付 B 银行固定利率 5%。透过这个掉期，该企业的浮动利率债务已转换为固定利率 5% 的债务。当利率上行时，其融资成本固定在5%，以图 12－2 表示如下：

当利率向上涨时，该企业的融资成本固定在利率 5% 上，而且其久期为零（不受利率上行的影响）。

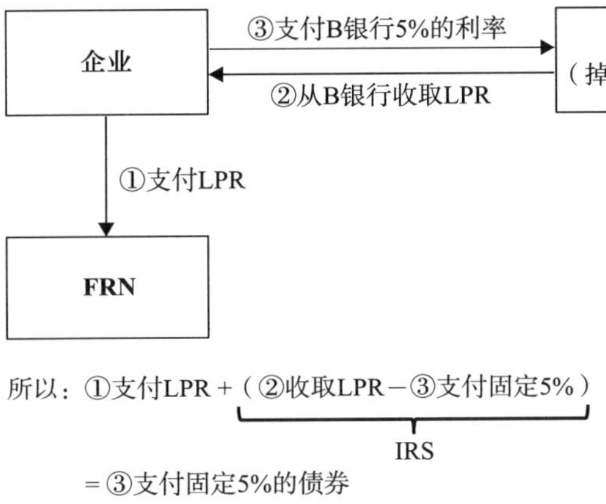

图 12－2　企业与 B 银行的掉期过程

二、资产负债表内资产与负债综合管理：零久期管理案例

以上两个案例都是以单一资产和单一负债来说明如何运用利率掉期将资产与负债的利率敏感度（久期）变为零，而不会受到利率上行或下行导致利息收入的降低（亏损）或融资成本的上升的。我们可以将利率掉期进一步应用于资产负债表内具有利率敏感的几项资产与负债，将其整体的久期转变为零，促使这些资产与负债的价值不会随着利率的上行或下行而产生亏损。

案例 12－3：

假设某企业（或保险公司、金融机构）的资产负债表内容如表 12－1 所示。

表 12－1　资产负债表

资产	市场价值	久期（年）
现金（或活期存款、利息收入）	200	0
6 年期贷款，年息 8%	600	5.40
12 年期分期摊提抵押贷款，年息 10%	700	6.0
其他资产（不受利率影响）	100	0.0
合计	1600	
负债		
6 年期浮动利率 LPR 债券（FRN）		
每半年重新调整利率（目前利率 7%）	700	0.5
9 年期零息债券（ZCB），收益率 7%	400	9.0
合计	1100	
净值（股权＋累积盈余）	500	

注：对于 FRN，若 1 年重设利率一次，则其久期＝1 年（每 1 年就重回平价）；若每 3 个月利率重设一次，则久期＝0.25 年（每 3 个月就重回平价）。

根据资产负债表，首先计算受利率影响的资产组合久期（加权平均）：

$$D_A = \left(\frac{200}{1600}\right)\times 0.0 + \left(\frac{600}{1600}\right)\times 5.4 + \left(\frac{700}{1600}\right)\times 6.0$$

$$= 0 + 2.03 + 2.63$$

$$= 4.66\ (\text{年})$$

负债组合的久期（加权平均）：

$$D_L = \left(\frac{700}{1100}\right)\times 0.5 + \left(\frac{400}{1100}\right)\times 9.0 = 3.59\ (\text{年})$$

所以资产与负债的久期缺口（Duration Gap）为：

$$D_g = D_A - \text{杠杆比率} \times D_L$$

$$= 4.66 - \left(\frac{1100}{1600}\right)\times 3.59 = 2.19\ (\text{年})$$

该资产负债组合的久期缺口为正值（2.19 年），其所代表的经济意义如下：

1. 若未来利率上行时，该企业的净值会增加，因为产生利息收入的资产久期大于支付利息的负债久期。所以，当市场利率上行时，产生利息收入的经济效益大于债务成本的上升。在这种情况下，这个正值的久期缺口相当于该企业持有（或买入）一只有效期约2年的证券。当利率上行时，该证券给企业带来净值的增加。

2. 若未来利率下行时，则正值的久期缺口代表企业的净值会减少（与第一种情况相反）。

什么时候会产生负值的久期缺口？若企业有比较高的杠杆比率，或者企业产生利息的资产来自比较长期的融资（长期债券融资），则其久期缺口很有可能变为负值。在这种情况下，当未来利率下行时，企业的净值会增加。但当未来利率上行时，净值会减少。这种结论与正值久期缺口的结论相反，所以，只要久期缺口不等于零，当利率上行或下行时，企业的净值就会有变动（增加或减少），而无法免疫于利率的变动。我们的目的是要运用有效率而且成本很低的利率掉期，将企业的久期缺口转变为零，促使企业净值不会受利率变动的影响（即免疫于利率的影响），而不必实际去处理（出售或买入）资产或负债来达到零久期缺口。如果是实际去处理资产或负债，即使流动性没有问题，也会产生高昂的交易成本，而且也费时费力。此外，因为该企业产生利息收入的资产久期大于负债久期，只能出售部分这类资产，降低其久期，以达到零久期缺口，但这样会导致利息收入低于融资成本，从而产生亏损，降低净值。如果该企业是金融机构，这种处理方式产生利息收入资产是不妥当的方法。成本低且有效率的方法是运用利率掉期，将其久期缺口转变为零之后，企业可以集中注意力于本业的经营，而不必担忧利率变动带来的负面影响。

三、运用利率掉期转变久期缺口为零

若企业决定运用利率掉期来改变负债方面的浮动利率债券（FRN），则企业会与 A 银行（掉期经纪商）协商签订一笔支付固定 7% 的 6 年期利率掉期，将这个 6 年期浮动利率债券转换为相当于支付固定利率 7% 的债券（7% 是目前 LPR 的利率）。假设这个债券的久期为 5.20 年（可以计算出来）。为了要达到零久期缺口，我们必须确定适当的掉期名义本金（X），其计算公式如下：

$$0 = D_g = 4.66 - \left(\frac{1100}{1600}\right) \times \left[\left(\frac{700 - X}{1100}\right) \times 0.5 + \left(\frac{X}{1100}\right) \times 5.20 + \left(\frac{400}{1100}\right) \times 9\right]$$

求解出 $X = 755.59$（元）$\cong 756$（元）

所以，这个掉期的名义本金应设定为 756 元，才能使久期缺口变为零。也就是说，该企业应该签订 6 年期支付固定利率 7% 的掉期合约，这样其名义本金为 756 元，才能够把久期缺口调整为零，企业的净值才可以免疫于利率变动的影响。另外，运用掉期合约，企业并没有改变原来资产负债的结构，只是改变了利率的特征，由浮动利率转换为固定利率而已。

四、运用远期（生效）掉期合约转变久期缺口为零

前面介绍的掉期合约在合约签订后立即生效，另一种掉期合约是在合约签订后的某一个时间才会生效。比如，合约签订后 1 或 2 年生效，掉期才会开始在每一个交割日进行利率互换。我们称其为远期（生效）掉期合约。本书第三章就介绍了远期（生效）掉期原理，其他衍生品也有类似的产品（远期生效期权、互换利率期权等）。

如果企业的财务经理根据自己的判断，在最先的两年内，市场利率（LPR）应该是持稳，不致会有显著的上升，所以企业愿意承担前两年的

利率风险。例如，企业采用的远期（生效）掉期合约的有效期为 6 年。也就是说，第三年初开始进入利率掉期，并要促使久期缺口变为零。根据现在的 4 年期掉期利率期限结构，可以观察到从第三年起到第六年的远期掉期利率，比如 9%。在第三年初，企业进入这个远期（生效）掉期合约（还有 4 年期），在每半年期，企业需要支付固定利率 9%，并从掉期经纪商（B 银行）收取浮动利率（LPR），我们以图 12－3、图 12－4 表示。

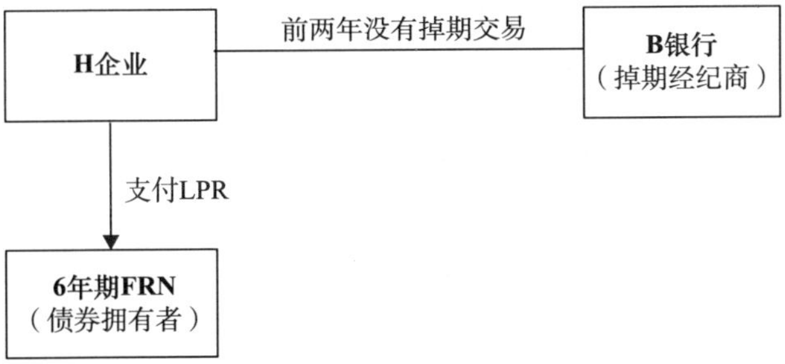

注：在前两年的久期缺口仍然是2.19年（假设两年后资产负债结构没有显著的变动）。

图 12－3　前两年没有掉期交易，只有确定远期掉期

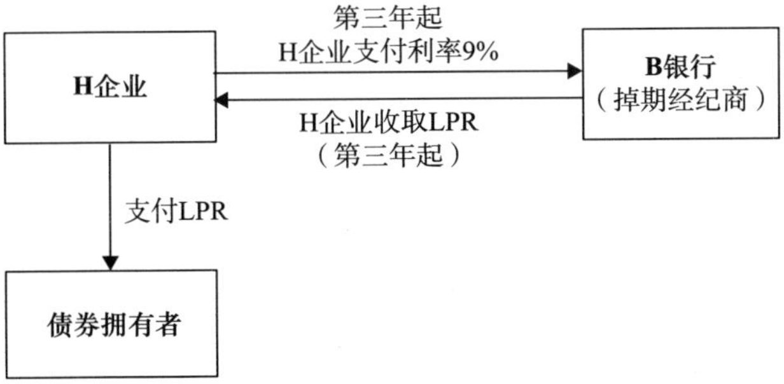

图 12－4　第三年起 H 企业与掉期经纪商 B 银行掉期过程

根据图 12－4，从第三年起，每半年掉期交割日，H 企业原来的浮动利率债券（FRN）透过第三年起生效的掉期合约已被转换为固定利率 9% 的债券。原来的 FRN 仍然存留于资产负债表内（表内），只是改变其利率特征而已（由浮动转换为固定）。

在还没有求算这个6年期远期掉期的名义本金时，我们先求算资产负债各项目的余额与其久期：

1. 从第三年起，将支付浮动利率债券转换为支付固定利率的4年期债券。为方便计算，设定其久期为3.7年（可以求算出）。

2. 原来6年期贷款的资产经过两年已变为4年期贷款的资产，其久期会缩短。为方便计算，假设其久期变为3.5年（可根据久期公式求算），其余额仍然是600（尚未到期）。

3. 原来9年期ZCB负债已变为7年期ZCB，所以其久期为7年，其余额仍是400。在资产项目方面，12年期分期摊销抵押贷款已经过两年的摊销，其账面余额已不是700，而变为584（为方便计算，假设每年平均摊销58，两年共摊销116）。其久期经过两年后，由6年变为4.6年（假设数据可由久期公式计算出来），现金已由200增加到350。

三项资产总和为1534(即350 + 600 + 584)。

所以，三项资产的久期为：

$$D_A = \left(\frac{350}{1534}\right)\times 0 + \left(\frac{600}{1534}\right)\times 3.5 + \left(\frac{584}{1534}\right)\times 4.6 = 3.12\,(\text{年})$$

4. 确定这个远期掉期需要多少的名义本金才能使掉期缺口为零。

$$0 = D_g = 3.12(D_A) - \left(\frac{1100}{1534}\right)\times \left[\left(\frac{700-X}{1100}\right)\times 0.5 + \left(\frac{X}{1100}\right)\times 3.7 + \left(\frac{400}{1100}\right)\times 7\right]$$

求算出 X：

$$X = 507.81 \cong 508\,(\text{元})$$

所以，这个6年期远期掉期合约的名义本金应该设定为508元，才能使久期缺口变为零，这样企业的资产负债结构才不会受到利率上行或下行的影响，产生盈亏。

第十三章 运用掉期创造结构式融资：降低融资成本

掉期合约也可以被应用于企业融资，使融资者与投资者实现双赢。运用掉期（或其他衍生品）可以将未来的现金流量进行创造性的重新包装或拆分，使融资者与投资者双方的不同需求都能得到满足。也就是说，融资者想要支付的利率能够匹配投资者想要收到的利率。因为双方的需求都能够得到满足，所以能使企业融资顺利进行，而且双方都能获得比原来愿意支付的利率还低的利率。

除了传统的固定利率融资外，还有三种不同类型的浮动利率融资。我们以下文的一个案例来说明。

案例 13－1：

假设 BG 集团想要在金融市场发行为期 6 年的债券融资 30 亿元。

BG 集团过去已经发行了 8 只固定利率债券。如果再发行固定利率债券融资，机构投资者的兴趣可能不足。若一定要以固定利率债券融资，BG 集团愿意支付比以往和目前更高的固定利率 8.5% 来融资（融资方式一），但考虑到机构投资者的需求，BG 集团也考虑了下列三种浮动利率（6 个月 LPR）债券的融资：

1. 正向浮动利率（Floater）：6 个月 LPR + 15bps

2. 反向浮动利率（Reverse Floater）：16.8% - 6 个月 LPR 反向浮动利率也称为牛市浮动利率（Bull Floater 或 FRN），因为低利率是债券市场的牛市，而且低利率才会使反向浮动利率收益上升，投资者获得高利息收入。

3. 杠杆型浮动利率：2 × 6 个月 LPR - 8.55%

杠杆型浮动利率也被称为熊市浮动利率（Bear Floater），因为利率要高于 4.275%，投资者所获得的利息才会上升，但当利率高的时候，债市进入熊市。

如果 BG 集团采用上面三种浮动利率融资的任何一种融资方式，就必须运用掉期合约将浮动利率转换为固定利率（BG 集团想要的利率）。A 银行（掉期经纪商）对 6 年期掉期的买价和卖价的报价如下：

买价（Bid Rate） = 6 年期国债收益率 7.45% + 0.75% = 8.20%

卖价（Ask Rate） = 7.45% + 0.85% = 8.30%

（买卖价差 = 0.10% = 10 个 bps）

注：

掉期固定利率 = 对应期的国库券收益率 + 掉期利差（0.75% 或 0.85%）

掉期利差，是指企业信用质量相对于国库券的信用利差。当国库券进入牛市时，其价格上涨导致收益率下降，掉期（信用）利差会扩大。但当国库券进入熊市时，其价格下跌导致收益率上升，掉期利差会缩小（因为掉期利差 = 掉期固定利率 − 国库券收益率）。所以，当 BG 集团进入掉期时，要向 A 银行收取的固定利率是银行的买价利率 8.20%（较低），而要向银行支付的固定利率是银行的卖价利率 8.30%（较高）。根据三种浮动利率融资方式和银行的买卖价利率，下文我们将为 BG 集团决定哪一种融资方式的固定利率是最佳（低）的融资利率。

一、正向浮动利率加上掉期：结构式融资

首先，以图 13 − 1 表示运用掉期合约将传统的浮动利率（6 个月 LPR + 15bps）转换为掉期的固定利率，如下：

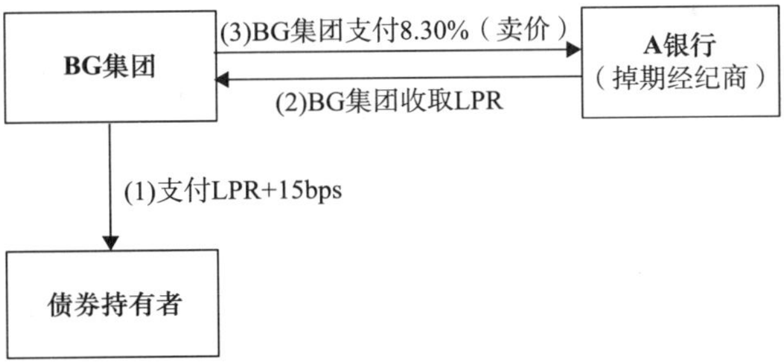

注：(2)+(3)代表利率掉期。

图 13 − 1　在传统利率融资中运用利率掉期

所以，BG 集团的净支付 $= (1) + \underbrace{(2) + (3)}_{\text{IRS}}$

$$= (3)\ \text{支付}\ 8.45\%\ (\text{即}\ 8.30\% + 0.15\%)$$

为了更清楚地解释，假设利率互换是每一年一次，运用公式计算如下：

$$\underbrace{(LPR + 0.15\%)}_{\text{原来浮动利率}} \times 1 + \underbrace{[8.30\% - LPR]}_{\text{利率互换}} \times 1 = 8.45\% < 8.50\%$$

此处：有些国家（如美国）是以（365/360）计算，365 天是 1 年的实际天数，而分母是以 360 天计算，也就是实际天数/360 的计算计息时间。亚洲国家一般都以 365 天为一年。故上面公式内时间因子是 1 年（=365/365）。若互换是每半年一次，时间因子“1”应改为 181/365、182/365 或 183/365。净利率 8.45% 也要乘以对应的时间因子。

虽然经过掉期转换后，BG 集团支付的固定利率为 8.45%，比该企业愿意支付的 8.50% 节省了 0.05%，但尚未考虑发生违约风险所产生的违约亏损。但 A 银行的信用极佳，没有信用违约的担忧。此外，企业还要考虑为准备掉期签约时所发生的各项行政费用，所以，节省了 0.05% 的利息成本，应该无法抵消掉签订掉期合约所发生的各项成本费用。

二、反向浮动利率加上掉期：结构式融资

图 13－2 表示运用掉期合约将反向浮动利率（16.80%－6 个月 LPR）转换为掉期的固定利率，如下：

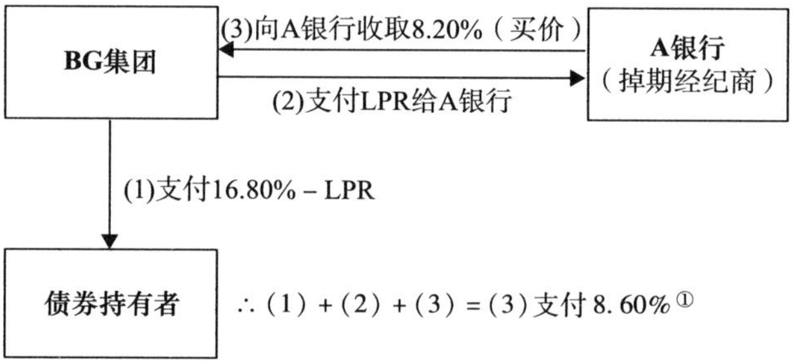

图 13－2 在反向利率融资中运用利率掉期

运用公式计算净利率支付，如下：

① 图 13－2 中的三项交易结果成为第（3）交易的支付 8.60%。

$$\underbrace{(16.80\% - LPR)}_{\text{原来浮动利率}} \times 1 + \underbrace{[LPR - 8.20\%]}_{\text{利率互换}} \times 1$$

$= 支付\ 8.60\% > 8.50\%$

经过运用掉期后，BG 集团支付的固定利率为 8.60%，虽然高于该企业愿意支付的 8.50%，若再考虑信用违约的成本和准备掉期签约的各项费用，第二种融资方式更不可行。此外，原来的反向利率可能会变为负数；若市场利率高于 16.80%，比如为 17.2%，则支付给投资者的利率为 -0.4%。这代表投资者反而要支付 0.4% 的利息给 BG 集团。为避免这种不合理情况的发生，BG 集团必须买入一个利率上限期权（Cap），行权价为 16.80%。当利率上升高于 16.80% 时，比如 17.20%，Cap 产生获利 0.40%，刚好可抵消掉负利率（-0.40%）。但是买入 Cap，又要支付期权费用，增加了成本，所以，运用这个逆浮动利率融资更不可行。

三、杠杆型浮动利率加上掉期：结构式融资

图 13-3 表示运用掉期合约将杠杆型浮动利率（2×6 个月 LPR - 8.55%）转换为固定利率，如下：

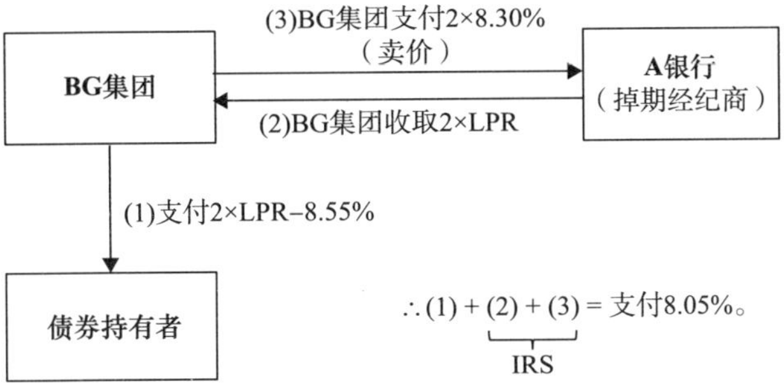

图 13-3　在杠杆型反向利率融资中运用利率掉期

运用公式计算，如下：

$$\underbrace{(2 \times LPR - 8.55\%) \times 1}_{\text{杠杆型浮动利率}} + \underbrace{[2 \times 8.30\% - 2 \times LPR] \times 1}_{\text{利率互换 IRS}}$$

$$= 8.05\% < 8.50\%$$

由上面的分析结果得知，采用杠杆型浮动利率加上利率掉期融资，能够使企业最终获得比较低的融资利率 8.05%，比原来愿意支付 8.50% 的利率节省了 0.45%（或 45bps）。除了考虑签订掉期的行政费用外，也要考虑买入利率下限期权（Floor）的期权费用支出。因为若利率下跌低于 4.275% 时，该熊市浮动利率会变为负值，投资者反而要支付给企业利息（不合理），所以，企业必须买入 Floor 来抵消负值利率。只要上面两项成本费用低于 0.45%，比如 0.25%，则此项融资仍可以节省 20bps 的利率成本。

根据上面的分析，运用掉期合约可以将杠杆型浮动利率融资转换为企业想要的固定利率融资，并可节省融资利息成本。同时，机构投资者也可以得到他们所想要的浮动利率的投资收入。如此，达到双赢的目标。所以，运用掉期可以重新包装原来的利息现金流量，并转换成为双方想要的现金流量，双方的需求也都能得到满足。

注：上面所提的 30 亿元融资也可以分拆为两种融资方式：

1. 可以按照企业想要的固定利率融资 15 亿元。

2. 另外 15 亿元的融资可运用上面所介绍的三种浮动利率融资，再决定哪一种浮动利率融资加上掉期，能够得到节省利息成本的好处。

第十四章
运用信用质量信息不对称套取较低的融资成本：掉期的应用

一、长短期融资利率、国库券收益率与信用利差之间的关系

根据 Titman（1992）撰写的论文，再加上一定的调整所形成的本章的内容比较适合目前我国的金融环境。目前，我们已知道融资的利率可以表示为关联的国库券收益率加上一个信用利差调整项。此外，融资可以分为长期固定利率融资和滚动式的短期利率融资（比如，首先以 6 个月期融资利率开始，等到 6 个月到期，再以下一个 6 个月期的利率融资，如此展期融资可一直到融资的最后到期日终止）。这两种融资利率都可以用国库券收益率（基准利率）加上信用利差来表示，如下：

（一）短期 LPR 融资利率（滚动式）

短期 LPR 融资利率（滚动式）= 同等期的短期国库券收益率（ST_t）

+ 对应的企业信用利差（S_t）

$= ST_t + S_t$

此处的下标 t，表示 ST_t 和 S_t 会随着不同的短期融资利率而变动，不是固定的。此外，短期（企业）信用利差 S_t 也会随着企业的信用质量逐渐改善、恶化或维持平稳而相应地缩小、扩大或维持不变。

注：短期融资利率可以是 1 个月、3 个月或 6 个月的 LPR、CP、CD 或 BA 利率。

（二）长期 LPR 融资利率

长期 LPR 融资利率 = 同等到期日的长期国库券收益率（LT）

+ 对应的长期企业信用利差（LS）

= LT + LS

此处，LT 和 LS 在长期融资期内都是固定的，不随着市场情况而变动。利差 LS 是根据长期融资利率期限结构决定的企业信用利差。

注：长期融资利率可以是固定期 LPR 掉期利率（比如 5 年期 LPR CMS）或固定期国库券收益率（比如 10 年期 CMT）。

二、掉期固定利率和浮动利率、国库券收益率与信用利差之间的关系

LPR 掉期利率（Swap Rate）的市场（实务）报价是以关联的国库券收益率加上一个掉期信用利差来表示的，如下：

（一）LPR 掉期固定利率

LPR 掉期固定利率 = 同等有效期（平价）国库券收益率（LT）

+ 对应的企业掉期信用利差（S^*）

= $LT + S^*$（ = 无风险利率 + 企业的信用利差）

此处，在掉期合约有效期内，LT 和 S^* 都是固定不变的，而且 S^* 属于短期信用利差，它除了受到掉期有效期内所有不同日期的远期利率影响外，还会受到企业信用质量的影响。而这些决定了 S^* 的大小：信用质量优，S^* 比较小，企业的融资成本会比较低；反之，信用质量低，S^* 比较大，企业的融资成本会比较高。

注：短期信用利差（S^*）一般小于长期利率融资内的长期信用利差（LS）。也就是说，随着融资时间的拉长，长期利率内的信用利差（LS）会大于短期利率内的信用利差（S^*）。所以，若企业认为其信用质量会维持不变或者会有所改善，则运用短期滚动式（或展期式）的融资可以获得比较低的信用利差（从而获得比较低的融资成本）。因此，企业会避开运用比较长期的利率融资。

（二）掉期的浮动利率（LPR_t）

掉期的浮动利率（LPR_t） = 同等期的短期国库券收益率（ST_t）

+ 泰德利差（Ted_t）

= $ST_t + Ted_t$

此处，泰德利差（Ted_t） = $LPR_t - ST_t$

= LPR 利率与短期国债收益率之间的利差

这个利差越小，代表民间投资者对我国整体金融市场的信心越高；反之，越低。这个泰德利差原来是指离岸美元 LIBOR 利率与美国国库券之间的利差，所以，比较准确的说法是，此处的 LPR_t 应该是指离岸（香港）

人民币利率（Off－Shore Rmb Rate，$OLPR_t$）。尽管如此，本章的分析仍然以 LPR_t 名称为主，这不会改变下文分析结果的经济意义，即如何运用掉期合约进行信用利差的套利。我们将信用利差的套利分成两种情况来介绍。其一，企业的信用质量逐渐改善；其二，企业的信用质量逐渐恶化。

三、信用质量逐渐改善：企业善用短期信用利差逐渐缩小

案例 14－1：降低融资成本

H 企业的财务经理认为企业已开始进行资产负债结构的优化，比如降低杠杆比率，或者未来企业营收会逐步增加。这个优化策略将会促使企业信用质量的改善，但是市场仍然没有注意到这个信息。所以，财务经理拥有这个信息是所谓的信息不对称。此外，财务经理认为未来利率应该会保持稳定或下行。因此，他偏向短期滚动式的融资。所以，发行债券的利率设定为（$ST_t + S_t$）。同时，为了要在信用利差方面得到好处（支付较小的信用利差，因为信用质量的改善），财务经理在签订掉期合约时，要求支付固定的掉期利率 6.5%（$=LT + S^*$），并收取浮动掉期利率（$ST_t + Ted_t$），以图 14－1 表示结果：

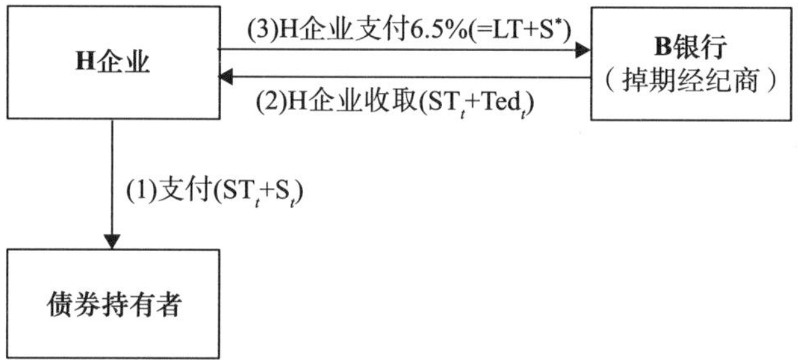

图 14－1　运用掉期套利日后信用质量的改善：信用利差缩小

所以，原来的融资（1）加上利率掉期[（2）+（3）]的结果如下：

$(ST_t + S_t) \underbrace{+6.5\%\ (=LT + S^*) - (ST_t}_{\text{掉期}} + Ted_t)$，$ST_t$ 项抵消掉

$= \underbrace{(LT + S^*)}_{\substack{\text{掉期固定利率} \\ 6.5\%}} + \underbrace{(S_t - Ted_t)}_{\substack{\text{两个信用} \\ \text{利差之差}}}$

图 14－1 的解释分析如下：

运用掉期后，H 企业的融资利率变为掉期固定利率 6.5%（$=LT + S^*$）加上两个利差之差（$S_t - Ted_t$）。前者的信用利差 S_t 是关联于 H 企业的信用质量，而后者是泰德利差（Ted_t），其大小由市场因素决定。因此，随着该企业信用质量的提升（或改善），企业的短期利差（S_t）也会随着下降，也有可能（$S_t - Ted_t$）变为负利差。因此，企业整体的融资利率成本也会降低，但这个信息不为市场所知悉（信息不对称）。

四、信用质量逐渐恶化：锁定目前较小的短期信用利差，降低融资成本

案例 14－2：

H 企业的财务经理预期未来利率会下行。目前，企业以长期固定利率（LT + LS）融资。他想运用掉期作为信用利差的套利工具，因为他知道企业未来会面临经营困难，企业的信用质量会随之而下降，但这个信息目前市场尚未知悉（信息不对称）。因此，他想运用利率掉期，愿意收取掉期固定利率（$LT + S^*$），并支付掉期浮动利率（$ST_t + Ted_t$）。以图 14－2 表示结果：

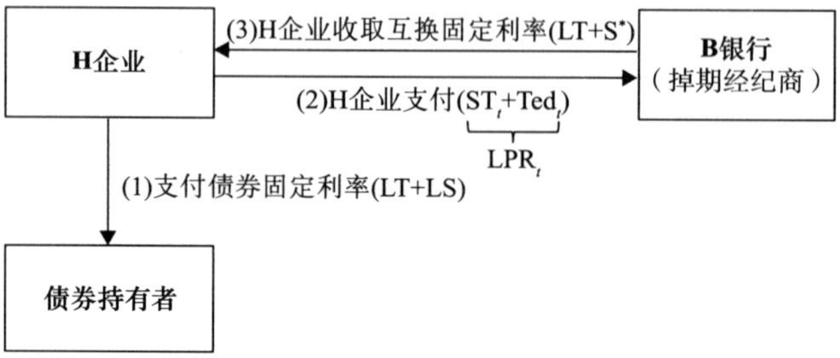

图 14－2　运用掉期套利日后信用质量的恶化：期初信用利差比较小

原来掉期利率（1）加上掉期[（2）+（3）]的结果如下：

$$(LT+LS)+\underbrace{\overbrace{(ST_t+Ted_t)}^{LPR_t}-(LT+S^*)}_{\text{掉期}}\text{，LT 项抵消掉}$$

$$=\underbrace{(ST_t+Ted_t)}_{\substack{\text{持平或下行}\\ \text{的掉期浮动}\\ \text{利率}(LPR_t)}}+\underbrace{(LT-S^*)}_{\substack{\text{固定的长期利差}(LS)\\ -\text{掉期固定利率内的}\\ \text{信用利差}(S^*)}}\text{，（一般而言 } LS>S^*\text{）}$$

所以，运用掉期后，企业不但得到下行的浮动利率融资，而且企业的融资成本内有两项信用利差（LS 和 S^*）。这两个信用利差都是根据期初企业好的信用质量来决定的。但随着该企业信用质量的恶化，信用利差应该会往上调整。但在期初，这两个利差都已经锁定了（固定）。因此，这两个信用利差之差（$LS-S^*$）都是在期初企业拥有比较好的信用质量下的两个信用利差，两者都会比日后信用质量恶化下的利差还要小。所以，这两个利差之差也会比较小。因此，运用掉期后，融资利率内的信用利差已固定了，而且也比较小，尚未被市场所知悉。但财务经理在期初已拥有这个有利于企业的信息（不对称信息），并运用它进入掉期合约，以锁定期初较小的信用利差，由上综可知融资成本自然会比较低，而且下行的浮动利率会使整体的融资成本更低。

第十五章 掉期的信用和市场风险、基差风险与会计性风险

一、掉期的信用风险与市场风险

当企业和金融机构双方同意签订掉期合约的即日起，掉期双方都会面临市场风险和信用风险，还会面临基差风险、会计性风险、税负风险和法规风险。我们首先介绍市场风险和信用风险。

市场风险，是指企业运用掉期的目的不是对冲利率风险或外汇风险，而是投机。比如，企业或金融机构预期利率会上行，因此签订了一个支付固定利率并收取浮动利率的掉期合约。若其预测是正确，则企业或金融机构获利，但若利率不是预期的上行，而是下行，则企业或金融机构会发生亏损。这种盈亏是靠企业或金融机构预期利率走势准确与否而产生的，这当然是投机行为，其所产生的风险是市场风险。另外，若企业或金融机构

预期利率会下跌，从而签订了一个收取固定利率并支付浮动利率的掉期合约，若预期下行是正确，则企业或金融机构获利；否则亏损。这也是投机行为，其风险也是市场风险。

信用风险，是指企业或金融机构对已拥有的仓位必须要对冲掉的利率风险，因而签订掉期合约。在这种情况下，仓位的利率风险（或外汇风险都是市场风险）已被对冲掉，剩下的风险是签约后对手的信用风险。在掉期有效期内，合约的任何一方都可能因为累积亏损太大，从而导致违约，称为信用风险（或对手风险）。就运用掉期对冲利率风险的企业而言，若掉期产生亏损，则被对冲仓位会有盈利，盈亏可相互对冲掉。比如，支付固定利率并收取浮动利率的掉期，加上企业本身已拥有一个支付浮动利率的债务（被对冲仓位）。若利率下跌低于固定利率，掉期交易会产生亏损，浮动利率债务因利率下跌却可获利，因此，亏盈互抵。所以，运用掉期对冲原来仓位的利率风险之后，所关注的风险是对手风险，而不是市场风险。掉期风险是市场风险还是信用风险，完全要看使用掉期的目的是投机还是对冲。

对冲市场风险后，互换双方都面临信用风险，互换的一方经常是大商业银行，信用佳、信用风险低，但并不是完全无信用风险，而互换的另一方大部分是公司、企业（或银行以外的金融机构）。银行作为互换的另一方，为了防范信用风险，必然选择信用佳的公司作为互换伙伴，信用低或经营不佳的公司很难被允许进入利率掉期或货币掉期交易，除非这些公司能提供抵押品作为担保。

信用佳的公司有时也会因市场利率或汇率的大幅变动，本身营运不佳或经济衰退，出现信用降低的现象。因此，在互换合约中，银行经常附加取消合约的权利（Right – Offset Clause），允许银行可以在对方信用降低时（或之前）取消合约。

由上面的论述可知，影响掉期风险的因素有：

（1）利率与汇率变动的风险；

（2）互换双方的信用风险；

（3）前两者的交互影响。

此外，在掉期合约有效期内，掉期对合约一方可能会是一项资产（掉期有正的市场价值），而对另一方可能是一项负债（掉期的市场价值为负值）。下文介绍如何估值有效期内掉期的市场价值。

二、掉期的信用风险与重置掉期市值估价

签订掉期合约的即日起到有效期终止，掉期交易双方都有可能发生违约，这要看合约签订后，利率的走势是上行还是下行。掉期交易中，一方可能因为利率的走势对其不利而使其产生亏损，导致其违约，但是还没有发生违约之前，这种风险对双方而言，都是潜在的信用风险。所以，银行作为掉期经纪商（或做市商）是很重视潜在的信用风险。因此，在掉期合约内，银行会尽量设定一些条款来降低这个潜在的风险。但是掉期合约条款的设定不如贷款合约条款设定得严谨，因为掉期是由合约双方经过协商同意后签订的。因此，银行为了保护自己，经常会要求对手的信用评级要达到某一个水平（比如 BBB 或以上的评级），甚至会要求对手方缴交抵押品作为信用担保，或者要求提供第三方的信用担保证书。若合约的一方（企业）被他方控诉违约或被启动破产程序，银行可以提前终止掉期合约。

当违约事件发生时，被违约的一方可能会产生亏损，也有可能会获利，这要看违约当时的市场利率是上行或下行。一旦发生违约，掉期的未来现金流量就会消失。违约所发生的亏损（或获利）可由未来（消失）现金流量的现值来估算。这个现值是正值或负值，要看合约期初的掉期固定利率与违约当时重置掉期的固定利率而定（重置掉期，是指从违约日起到原来掉期所剩下有效期日之间的掉期）。比如三年期的掉期，一年后出现违约，则重置掉期（即置换已违约掉期的新掉期）的有效期为两年，而

且在违约时点重置掉期的掉期固定利率是根据违约当时未来利率走势（上行或下行）的一种加权平均利率来决定。此时，掉期市场的经纪商可以据此构建他们的固定利率买价和卖价的报价。所以，在违约发生时，为了估算重置掉期固定利率的买价（或卖价），一般是以当时其他经纪商固定利率报价的平均买价（或卖价）作基准来计算当时重置掉期的市场价值的，以决定经纪商被违约的亏损（或盈利）。

案例 15－1:

某一企业与 A 银行（掉期经纪商）对做一笔名义本金为 100 万元、4 年有效期的掉期交易。每 6 个月企业支付利率 6.5%，并向 A 银行收取 6 个月期 LPR。2 年过去，在第 3 年企业违约。在违约当时，其他经纪商收取固定利率的平均卖价为利率 5.4%，低于掉期期初的 6.5%，因为违约当时的利率期限结构是下行。这个违约让 A 银行未来每半年的利息收入出现亏损（因为重置掉期的固定利息收入下降），其每半年的利息亏损计算如下：

$$(6.5\% - 5.4\%) \times \frac{180}{365} \times 100\text{ 万} = 5425\text{（元）（利息收入减少）}$$

在此要理解的是，这个 5.4% 的固定利率反映的是在违约时点的 LPR 远期利率的综合影响，并导入固定利率的定价之内。因此，在计算利息的亏损时，只需要采用固定利率就可以，而不必涉及 LPR 本身。此外，重置掉期的估值可以运用基本的金融原理：一个资产的价值是其未来现金流量的现值。所以，我们要将未来 2 年内，每半年的利息损失折现回到违约时点，才能得到 A 银行（经纪商）的违约亏损（即重置掉期的估值）[①]。其折现率可以采用经纪商的资金成本来折现，或

① Brown & Smith（1993）也采用了这种方法。

者以重置掉期的固定利率5.4%，或以每半年的对应远期利率求算出的对应零息债券价格作为折现因子（详见第六章第四部分）。在此，我们采用经纪商的资金成本，比如5%，作为折现率，计算如下：

$$\text{违约亏损的现值} = \sum_{t=1}^{4} \frac{5425}{(1.05)^t} = 5425 \times 4.3101$$

$$= 23382\ (\text{元})\ (\text{也是经纪商重置掉期的市场价值})$$

其亏损是名义本金的2.34%（=23382÷100万元）。所以，以名义本金100万元作为亏损金额是不正确的做法

注：折现率可以由掉期双方协议统一的利率来定。

案例15-2：

由案例15-1可知，若重置掉期的利率（5.4%）低于期初的掉期利率（6.5%），则企业违约会导致经纪商亏损，但若重置掉期利率（比如7%）高于期初掉期的利率（6.5%），则违约会给经纪商带来收益，计算如下：

$$(6.5\% - 7\%) \times \frac{180}{365} \times 100\text{万} = -2466\ (\text{元})$$

注：每6个月的实际天数也可能是181天、182天、183天或184天；7%反映违约时点的LPR利率曲线是上行、比较陡峭。

负值代表经纪商每半年的净利息收入增加了2466元。所以，经纪商重置掉期的市场价值为：

$$\sum_{t=1}^{4} \frac{-2466}{(1.05)^t} = -2466 \times 4.3101 = -10628\ (\text{元})$$

案例15-2告诉我们，企业因违约而不必支付未来比较高的利率，其节省的利息支出如同一个资产（因为企业的重置掉期市值为负值）。

在这种情况下，经纪商是否应该支付重置掉期所示的市值给企业，要看掉期合约内的违约赔付条款是如何设定的。若设定为违约方不得收取任何赔付，即使重置掉期市值对违约方有利，或者若设定在违约时，重置掉期市值对违约方有利，则不违约方也要支付给违约方。一般而言，掉期市场通常采用后者的违约赔付方法。采用双方可能赔付的方法（后者），是要避免强势的一方有选择性地采取对自己有利的赔付以及避免赔付争议的长期与高昂的法律诉讼。但是，排除违约方不得获得任何赔付（前者），则会鼓励经纪商拒绝信用评级较低的对手（或企业）进入掉期市场或者要求更多安全的担保品。

注：案例 15 -1 和案例 15 -2 所介绍的重置掉期估值的方法，同样也可以应用借贷合约被违约时重置借贷合约的估值。借此可以估算出银行（或企业）被违约时的可能亏损。当然，也可以应用于其他商业合约被违约时，以重置合约的估值作为被违约的亏损价值。

三、将信用风险导入掉期利率定价的方法：实务观点与操作

掉期的定价，是指在掉期合约签订时对掉期固定利率的定价。这个固定利率是根据掉期有效期内所有的远期利率来作的综合定价。从理论而言，掉期固定利率是反映所有远期利率之间相关性的综合影响，或者说是根据所有远期利率萃取而出的固定利率。根据第七章的定价公式（7 -2）可以求算出掉期固定利率是掉期有效期内所有远期利率的加权平均利率，这也是一个合理价格。

由定价公式求解出来的掉期利率，并没有考虑定价内的信用风险。在实务应用时，我们必须将掉期信用风险导入掉期利率之内，并考虑经纪商

对固定利率的买价和卖价利率。一般而言，经纪商采用下列三种方法将信用风险因素导入买价与卖价利率的定价之内。

1. 当对手的信用风险比较高时，经纪商会压低买价利率（即愿意支付的固定利率较低）；同时提高卖价利率（即要求收取比较高的固定利率）。所以，买卖价差扩大。比较大的买卖价差，除了抵补费用及利润外，剩余利差用来抵偿承担对手信用风险的溢酬（或称信用风险溢酬）。

2. 对信用风险比较高的对手，经纪商会要求其信用评级必须达到某一个评级质量（比如 BBB 评级或以上），或要求其缴交抵押品或第三方的信用担保书。

3. 对重置掉期的市值设有上限额度。因为重置掉期的市值，代表对手违约时重新置换另外一个对等的新掉期所需要的成本。所以，在有效期内任何时刻，若重置掉期成本（或市值）达到预先设定的上限时，经纪商可以立即提前终止掉期合约，以避免日后对手真正发生违约时导致经纪商亏损。

对第一种扩大买卖价差利率的信用风险调整，有必要作进一步解释。

1. 经纪商与对手强弱势的对比不平衡时，会有不同的买卖价差。遇到比较强势的经纪商（大银行），对手（企业）获得的买价会比较低，而卖价会比较高，买卖价差比较大。

2. 若对手是大企业，而经纪商比较弱势，则大企业得到的买价会比较高，卖价比较低，所以买卖价差会比较小。

注：买价是经纪商愿意支付的固定利率，也是对手（企业）收取的固定利率。卖价是经纪商要求收取的固定利率，也是对手（企业）要支付的固定利率。卖价会高于买价。

3. 在国际贸易和金融市场里，中国和欧美国家都会有规模很大且实力很强的企业和跨国公司。这些强而大的公司一般是与强大的掉期经纪商对做利率和外汇掉期合约。因此，强而大的商业银行和投资银行为了健全与完善风险管理，会另外设立一个特殊目的的掉期子公司，并拥有雄厚的资本以及足够的防火墙。这个掉期子公司更有能力吸引这些强而大企业的掉期业务。比如，20 世纪 90 年代，雷曼兄弟投资银行设立的子公司 SWAP-CO 只与 AAA 评级的企业做市价平值的掉期。

四、未来利率对掉期交易双方信用风险的影响

经纪商除了考虑上面几种因素，将信用风险导入掉期固定利率买卖价差的定价外，也要考虑掉期签约后，未来 LPR 利率的走势。未来利率的走势会影响掉期双方信用风险的变动。掉期的一方可能面临掉期有效期内前几年（或前端）比较大的信用风险，而掉期的另一方可能面临后几年比较大的信用风险，分析如下：

1. 若掉期签约后，LPR 走势呈现上行的走势，则支付固定利率的一方在前几年会面临比较高的信用风险，因为支付的固定利率高于收取的浮动利率，从而产生亏损。但当利率越走越高时，支付的固定利率低于收取的浮动利率，从而产生净利息收入，其面临的信用风险下降。所以，在利率上行的过程中，支付固定利率的一方在掉期前几年的信用风险比较高，而后几年的信用风险比较低，正如图 15－1 所示。但就收取固定利率并支付浮动利率的另一方，其信用风险的高低刚好与上述情况相反，即前几年信用风险较低，而后几年信用风险比较高，正如图 15－2 所示。

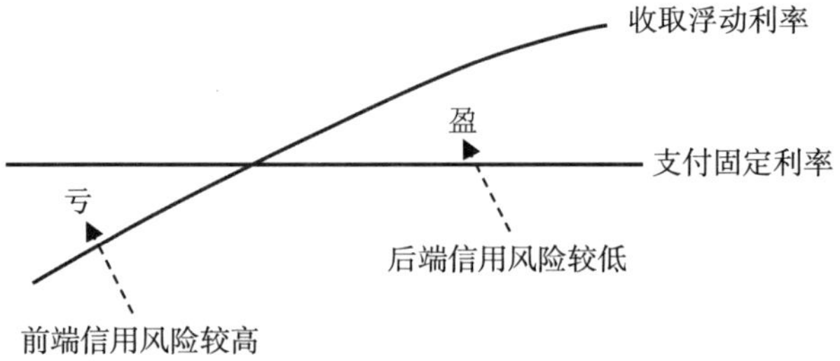

图 15－1　信用风险：支付固定利率并收取浮动利率

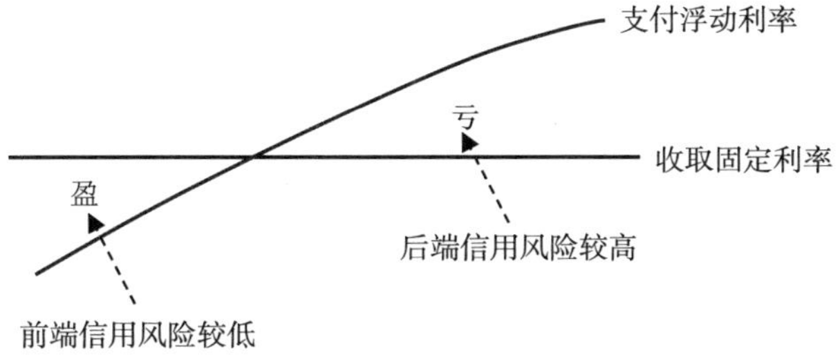

图 15－2　信用风险：收取固定利率并支付浮动利率

2. 若掉期签约后，LPR 走势呈现下行的走势，则支付固定利率并收取浮动利率的一方，在掉期的前几年会面临比较低的信用风险，而后几年面临的信用风险比较高，正如图 15－3 所示。

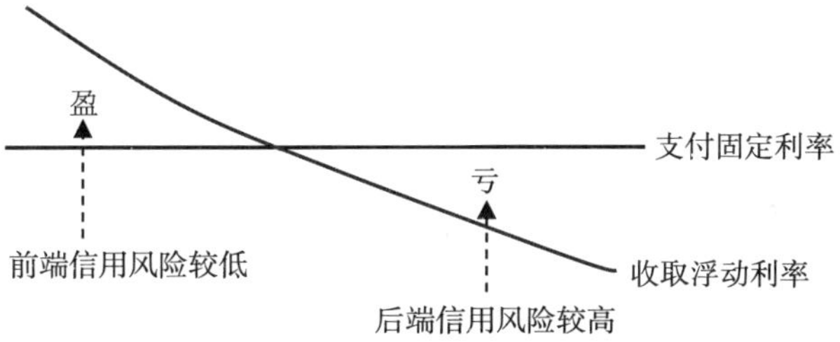

图 15－3　信用风险：支付固定利率并收取浮动利率

但就掉期对手而言，其是收取固定利率并支付浮动利率的另一方，其前端的信用风险比较高，而后端的信用风险比较低，正如图 15－4 所示。

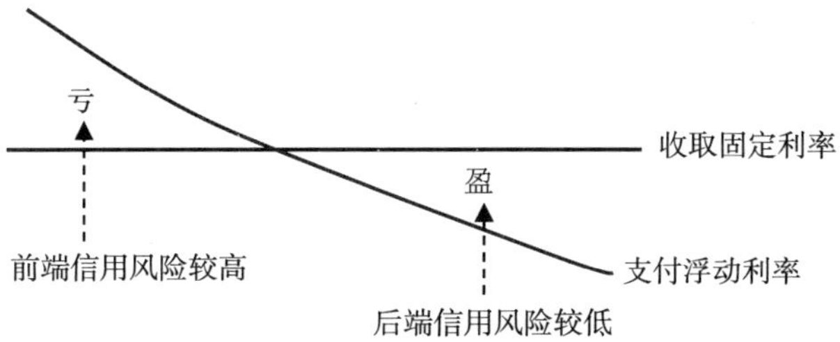

图 15－4　信用风险：收取固定利率并支付浮动利率

此外，经纪商对固定利率的买卖价差导入信用风险的调整幅度，也会因为利率走势的不同而有不同程度的调整。比如说，根据未来远期利率曲线定价出来的固定利率是6.40%（理论价格），经纪商会根据6.40%并考虑未来利率的走势，加以上下调整买价和卖价，但调整幅度不同。以表15－1来表示，会比较清楚。

表15－1　远期利率上行

理论价	买价	卖价
6.40%	6.40%－0.05%＝6.35% （往下调整5个bps）	6.40%＋0.03%＝6.43% （往上调整3个bps）

所以，在利率上行的情况下，一般而言，经纪商对买价往下调整的幅度（5个bps）比卖价往上调整的幅度（3个bps）还要大（买卖价差8个基点）。

若未来远期利率是下行的，则经纪商对买价往下调整的幅度会比卖价往上调整的幅度还大，以表15－2来表示，会比较清楚。

表15－2　远期利率下行

理论价	买价	卖价
6.40%	6.40%－0.03%＝6.37% （往下调整3个bps）	6.40%＋0.05%＝6.45% （往上调整5个bps）

所以，在利率下行的情况下，一般而言，经纪商对买价往下调整的幅度（3个bps）比卖价往上调整的幅度（5个bps）小（买卖价差8个基点）。

注：表15－1、表15－2的调整数据会因实际情况而有所变动，但其调整幅度的方向大致相同。

根据Sorensen和Bollier（SB，1994）的研究，经纪商会随着对手（企业或金融机构）不同信用评级和不同的利率走势来调整支付固定利率内的信用利差。我们根据 SB 的图表加以解读，并以数据的增减来表示信用评级 A 的掉期经纪商在不同的利率走势下，支付固定利率给不同信用评级的掉期对手（AAA、AA、A 和 BBB），以及对信用利差的一般调整方向及调整的可能幅度。这样更有利于读者了解，我们以表 15－3 表示。

表 15－3 A 级经纪商支付固定利率内信用利差的一般调整方向和幅度

	AAA	AA	A	BBB
1. 利率上行	－0bps	－3bps	－5bps	－6bps
2. 利率持平	＋5bps	＋2bps	－1bps	－2bps
3. 利率下行	＋9bps	＋7bps	＋4bps	＋0bps

表 15－3 说明的是：

1. 在利率上行的走势下，A 级经纪商作为支付固定利率的一方，对 AAA 级没有减少信用利差，对 AA 级减少 3bps，对 A 级减少 5bps，而对 BBB 级减少 6bps。其经济意义为：支付给评级越高的掉期对手的固定利率越高。

2. 在利率持平的情况下，A 级经纪商作为支付固定利率的一方，对不同评级对手调整信用利差的大小分别为 5bps、2bps、－1bps 和－2bps。其经济意义是：支付给评级越高的掉期对手的固定利率越高，比利率上行情况下的更高。

3. 在利率下行的走势下，A 级经纪商作为支付固定利率的一方，对不同评级对手调整信用利差的大小分别为 9bps、7bps、4bps 和 0bps。所以，在利率下行的情况下，比前两种情况的支付更高。

换言之，随着利率由上行、持平到下行的走势，A 级经纪商支付给掉期对手的固定利率，不管是哪一个信用评级，都会越大。进一步解释，就支付给 AAA 级的对手而言，在利率下行时支付幅度最大；在利率持平时，支付幅度居中；而在利率上行时，支付的幅度最低。对其他评级而言，也是同样的结论：随着利率走势往下行，支付的幅度会越大。

注：

1. 表 15－3 的内容是根据美国数据所作的实证研究的结论。虽然我国有不同的金融环境，但上面所得的经济意义应该也适用于我国，或者可以作为一个重要参考的依据。

2. 信用利差也会随着利率的波动率增加而增加。当利率波动率增加时，会导致更多的不确定性，造成违约风险的概率增加。经纪商就会增加信用利差（或违约溢酬，Default Premium）以补偿其承担比较高的信用风险。

3. 当债券市场面临比较多的不确定因素时，掉期市场也会同时受到影响。因此，信用利差也会比平时高。

五、基差风险：案例分析

企业在对冲利率风险时，有时会产生基差风险。当要被对冲的利率（风险）与对冲工具的利率不匹配时，就会发生基差风险。举例如下：

（1）以 3 个月期 LPR 对冲（或互换）1 个月期 CP 利率（商业票据利率）；

（2）以 3 个月期 LPR 对冲（或互换）6 个月期国库券利率；

（3）以 3 个月期 LPR 互换（或对冲）AA 级综合 CP 利率；

（4）以 6 个月期 LPR 对冲（或互换）6 个月期国库券利率；

（5）以 5 年期 LPR 的 CMS 对冲（或互换）10 年期 LPR 的 CMS。

注：CMS 指固定期掉期利率（Constant－Maturity Swap），详见第七章的介绍。

我们举例来解释会比较清楚。

案例 15-3：

某企业有经常性的短期流动资金需求，经常会在货币市场发行 3 个月期商业票据（CP）融资。企业财务部判断未来一段时间 CP 利率会上行，这会增加企业的短期资金成本，因此，必须对冲短期利率上升的风险。企业考虑用两种不同利率的掉期作为对冲工具。其一，是以 CP 利率指数为基础的 3 年期掉期。其二，是以（3 个月期）LPR 为基础的 3 年期掉期。这两种掉期都会涉及不同利率的基差风险，分析如下：

1. 运用 CP（利率）指数为基础的 3 年期掉期（见图 15-5）

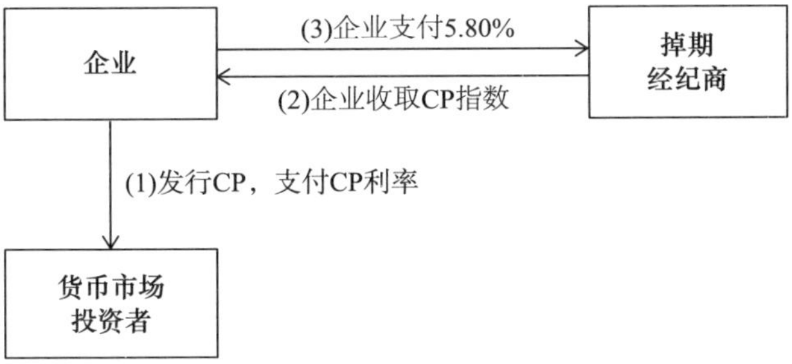

图 15-5　以 CP 为基础的掉期

所以，CP 利率(1) + CP 利率指数掉期[即(2) + (3)]

= CP 利率 + (5.80% - CP 利率指数)

= 5.80% + (CP 利率 - CP 利率指数)

= 5.80% + 利率基差

此处：利率基差 = CP 利率 - CP 利率指数

CP 利率指数是指由货币市场（短期资金市场）不同到期日的商业票据收益率的平均利率。它是衡量短期资金利率走势的指标。

注：企业的掉期对手可以是另外一家企业或金融机构。

因为 CP 利率与 CP 指数的波动率不同，所以这个利率基差也呈现波动率走势。这个基差的波动率导致企业在预期短期资金上行的情况下，无法锁定固定利率5.80%，而要面对5.80%加上基差变动的风险。

2. 运用LPR为基础的3年期掉期（见图15－6）

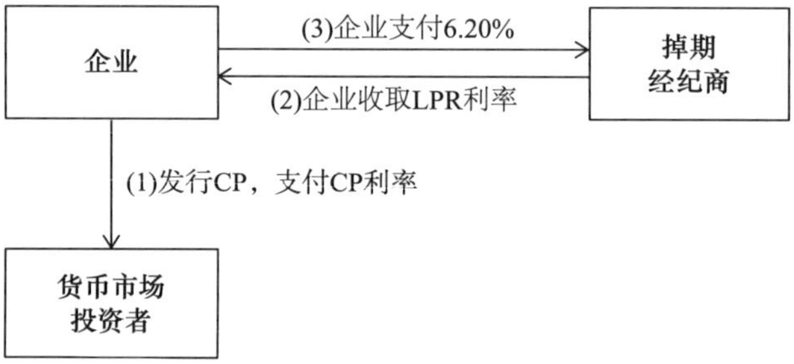

图15－6 以LPR为基础的掉期

所以，CP利率(1)＋LPR掉期[即(2)＋(3)]

＝CP利率＋(6.20%－LPR利率)

＝6.20%＋(CP利率－LPR利率)

＝6.20%＋利率基差

此处：利率基差＝CP利率－LPR利率

因为CP利率与LPR利率有不同的波动率，这个基差也会呈现波动率走势，导致企业无法锁定固定利率6.20%，而要面对6.20%加上基差变动的风险。

所以，运用这两种掉期都会产生基差风险，无法锁定固定利率的短期资金成本。CP利率的基差风险会小于CP与LPR的基差风险，因为前者都是属于CP利率的性质，而且CP利率与其指数的联动性比较强。但CP利率与LPR利率的联动性相对低于前者，而且CP与LPR的利差会比较大。但是LPR利率市场的流动性高于CP利率市场的流动性。在这种情况下，企业到底要选择哪一种掉期？

如果企业认为短期资金利率的上行可能维持一至两年，等到短期资金利率不再上行，而且开始下行时，企业会考虑向经纪商请求终止掉期合约（不是违约）。这种可能请求提前终止合约时，就必须考虑市场的流动性和深度。LPR 市场的流动性和深度高于 CP 市场的流动性和深度。在具有高流动性和深度的市场下，提前解约的成本会比较低，因为经纪商重新置换剩余期限的掉期成本会比较低（即重置掉期的市价会比较低）。此外，LPR 市场的信用风险一般低于 CP 市场的信用风险。考虑上面各项因素后，企业也许会考虑采用 LPR 的掉期。但有一点要注意，短期资金利率 CP 有可能在短期内突然快速上升，高于 LPR，导致 CP 与 LPR 的基差拉大。在这种情况下，运用 LPR 掉期对冲 CP 利率风险的效率就会变差，甚或大打折扣。

注：第七章第十部分也介绍了基差风险与展期风险的案例。

六、会计性风险

会计性风险，是指企业涉及衍生品（包括掉期）交易时，会有交易的盈亏或利息成本的增减，企业会计部门会以适当的会计准则处理交易的盈亏，但日后有可能不被监管部门或税务局认可，而遭受监管处罚或税务罚金的风险。所以，在会计处理时，首先要辨别掉期交易（是衍生品交易的一种）是对冲交易或者是投机交易。若企业对原来已有的仓位（比如债务）运用利率掉期来对冲利率上行的风险，则这种掉期交易是对冲交易。但是，若企业没有被对冲的仓位，而进行掉期交易，则会被认定为投机交易。这样的认定标准才可以避免企业在编制年报时，有选择性地自己认定哪些交易是对冲交易，哪些交易是投机交易，从而有利于年报的呈现。

当掉期交易是对冲交易时，其会计处理的准则是所谓的对冲会计。在对冲会计下，假设未来利率的变动是平移，CP 利率与 LPR 利率之间变动的基差都会设定为某一个固定基差（比如，40bps），而且假设这两个利率都是同步上行（或下行），其幅度大小也一样（比如，1%），这样才能维持固定的基差（比如，40bps）。所以，对冲会计是以账面价值来处理对冲交易的结果。因此，财务报表上的利息成本是固定的。以前文 LPR 为基础的 3 年期掉期为例，我们以表 15－4 来说明。

表 15－4　对冲会计

企业面临的CP 利率（%）	LPR 利率（%）	LPR 掉期净交割利率（%）（6.20%－LPR 利率）	总利息成本（%）（CP 利率＋掉期净交割额）
4.10	4.50	1.70（＝6.20－4.50）	5.80（＝4.10＋1.70）
5.10	5.50	0.70（＝6.20－5.50）	5.80（＝5.10＋0.70）
6.10	6.50	－0.30（＝6.20－6.50）	5.80（＝6.10－0.30）
7.10	7.50	－1.30	5.80
8.10	8.50	－2.30	5.80

注：基差＝CP－LPR＝0.40%（40 个基点），CP 和 LPR 都是上行 1%。

因为这两个数据是固定的假设，所以运用 LPR 掉期与 CP 掉期的结果都是5.80%的总资金成本，但没有考虑基差风险的重要因素。若在 LPR 掉期内考虑基差风险，则总资金成本不会是5.80%，会是在5.80%作上下波动（不对称的波动）。但是，对冲会计的假设是基于收益率曲线的变动是平移的，而且短、中、长期利率的移动幅度的大小都是一样的。但就实务而言，这些移动不会是一样的，比如收益率曲线在不同区段会有斜率及形状的不同变动。因为利率波动率期限结构不是平坦的，短、中、长期利率都有不同的波动率，所以，受宏观因素的冲击时，不同期的利率会有不同幅度的变动反应。

若运用掉期的目的不是对冲利率风险，而是投机交易，则掉期的盈亏必须以其市值来估值。掉期的市值自然会随着利率的变动而变动，这样会导致财务报表呈现波动。为了避免这样的波动，一般可以等到交易到期时再计算掉期（市值）的盈亏。对衍生品交易（包括利率掉期）盈亏的会计处理，各国都有不同的解释和法规，而且对什么是对冲和投机的认定，通常是很复杂的问题，所以，会计部门应该寻求外面的专家顾问和政府相关部门的协助，以完善这方面的会计处理。

第十六章
掉期固定端与浮动端利率风险对冲策略：组合方式的对冲与组合 *VaR*

一、对冲利率互换风险的基本概念

当掉期经纪商承接一笔（新）利率互换（IRS）时，一般会去寻找一个反向的利率互换（即掉期）。比如说，新承接的利率互换是支付固定利率（或称固定端利率）并收取浮动利率（或称浮动端利率）。因为市场利率期限结构（或称曲线）会随时间的推移而产生变动，掉期利率（Swap Risk，即固定端利率）也会随之变动。因此，若日后利率曲线下行，则原来支付的固定利率就会高于日后利率下行时的固定利率，而收取的浮动利率却降低了，可能产生净利息收入的亏损。当然，若日后利率曲线上行，原来支付的固定利率会小于日后利率上行时的固定利率，而且收取的浮动利率会高于原来收取的浮动利率。在这种情况下，净利息收入可能会大于零，但是未来利率曲线和掉期利率曲线变动的方向是难以确定的。因此，掉期经纪商每承接一笔利率掉期，就希望能够尽快找到另外一笔利率互换来对冲它。但这并不一定能够很快找到匹配合适的对冲利率掉期（或对冲对手），这是因为在比较短的时间内，要寻找到合适的匹配对手会涉及几个条件，比如到期日、互换日、现金流量和名义本金的匹配。一般而言，实务界认为，若两个掉期的到期日相差 5 天到 10 天之内，就认为这是到期日匹配。同样，若互换期的时间只相差几天，也可以算是交换日匹配。至于名义本金，若匹配对手的名义本金比被对冲掉期的名义本金小，则采用匹配对手的名义本金作为两者匹配的本金。至于被对冲掉期多余出来的名义本金，则暂时存留在经纪商的掉期账簿内，等待日后的匹配。

如果无法找到合适的匹配对手，则要将其存留于掉期账簿内，由账簿内各个掉期之间自行相互对冲，或者运用合适的国库券对冲，或者以利率期货对冲（详见第十七章）。

本章部分的介绍内容取材于 Wakeman（1990）的实务性论文，其所运用的对冲方法都经过了实务操作的考验，很值得学习。但作者对他所采用的方法进行了适当的修正，运用修正久期和凸性系数，以提升对冲的效率，而且采用掉期报价求算零息折现因子与掉期固定端的现值，以利于修正久期和凸性系数的求算。并且，他还详细举例了运算过程，以及增加了更多关联经济意义的解释，更方便读者了解本章的内容。

二、固定端与浮动端的对冲工具

一般利率掉期的现金流量涉及固定端与浮动端的现金流量，以图 16 – 1 表示如下。

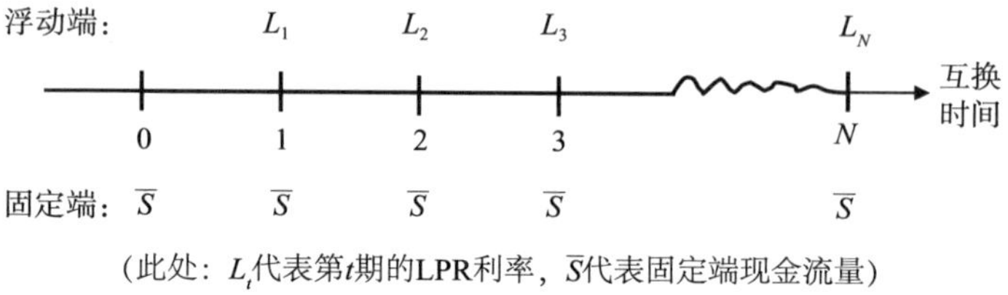

图 16－1　固定端与浮动端现金流量

在图 16－1 中的固定端与浮动端的现金流量到期日（N），各加上名义本金，则固定端可以被认为是一个支付固定利息的债券（或国库券），而浮动端是浮动利率债券（FRN）。两者的到期日本金是掉期的名义本金。此外，整个掉期是由 N 个远期合约（FRA）组合而成，每一期的交割（或互换）价值为$(L_t-\bar{S})$[或$(\bar{S}-L_t)$]。因此，掉期在期初的价值（或现值）是固定端与浮动端现值之差，表示如下：

$$\begin{aligned}\text{掉期现值} &= \text{固定端现值} - \text{浮动端现值（收取固定与支付浮动）} \\ &= \text{固定票息债券现值} - \text{FRN 的现值} \qquad (16-1)\end{aligned}$$

因此，固定端的利率可以运用固定票息债券（或国库券）作为对冲工具，而浮动端的利率风险可以运用 FRN 作对冲工具。花旗银行与化工银行是运用债券与 FRN 作为对冲掉期利率风险的工具。如果投资银行或商业银行除了掉期外，同时兼顾利率上限/下限期权（Caps/Floors）的对冲，会改用芝加哥利率期货作为对冲工具，这是比较方便与合适的。注：若掉期是收取浮动利率与支付固定利率，则公式（16－1）内债券与 FRN 现值的正负号对调。

由公式（16－1）得知，当掉期仍然存留在掉期的账簿内，掉期利率风险的对冲是掉期固定利率与浮动利率的对冲，因为利率期限结构的变动会导致掉期价值的变动。对冲掉期价值变动的风险可以分为两部分：一为掉期固定端（Bond）的对冲；二为浮动端（FRN）的对冲。

三、运用利率免疫法对冲固定端利率风险：修正久期与凸性系数

由公式（16－1）告诉我们，掉期固定端可视为一个债券，当然会受到利率变动的影响，从而导致其价值的增减（即利率变动风险），因此有些实务界人士认为可以运用利率期货作为对冲工具。这原则上没有什么大问题，但运用利率期货对冲固定端的风险还会产生两个问题：

1. 固定端的互换期与利率期货的到期日不匹配，会产生基差风险，导致无法锁定所要锁定的利率（详见第十七章）。

2. LPR（或 LIBOR）与利率期货的波动率不同，又会导致另外的风险。

因为上面的两个问题，大部分的经纪商会采用（或买入）到期日接近的国库券作为对冲固定端风险的工具。但是要运用国库券作为对冲工具，也要考虑（或解决）两个问题：

1. 选用国库券的到期日要更靠近掉期的到期日。

2. 运用（或投资）国库券，作为对冲工作，交易的金额需要多少才是合适。

对于第一个问题，一般有两个选择：运用非热门国库券（off－the－run）或热门国库券（on－the－run）。采用到期日很相近的非热门（国库）券作为对冲掉期的工具，但是非热门券的流动比较低，定价也经常不合理。任何对冲工具应该要采用流动性比较高的热门（国库）券，而且其定价合理，也很稳定。即使非热门券的到期日与掉期到期日相匹配，热门券的高度流动性与稳定合理定价的优点也远胜于非热门券。即使热门券的到期日与掉期到期日不太匹配，也是值得运用热门券作为对冲工具。

一旦选定了热门券作为掉期固定端的对冲工具，就要面对上面所述的

第二个问题了，即要决定买入（或投资）多少金额的热门券，这需要借用债券的利率免疫方法（Immunization），将所要选定的热门券久期去匹配掉期的久期，而且最好两者的凸性风险或曲率风险（Convexity）也能够匹配。两者的久期和凸性风险的计算公式如下（本章所采用的修正久期和凸性系数不同于 Wakeman（1990）的 Macaulay 久期，而且该论文不采用凸性系数）：

1. 国库券的修正久期（Modified Duration）：

$$久期(D_g) = \frac{\sum_{t=1}^{T_g} \frac{t \cdot C_t}{(1+y_g)^t}}{P_g} \tag{16-2}$$

此处：P_g = 债券价格 = $\sum_{t=1}^{T_g} \frac{C_t}{(1+y_g)^t}$

T_g = 债券到期日

y_g = 国库券收益率

注：到期日的现金流量是当期票息加上本金。

$$修正久期(D_g^*) = \frac{dP_g/P_g}{dy_g} = -\frac{D_g}{1+y_g}$$

$$= 债券价格的利率敏感度 \tag{16-3}$$

（D_g^*）是用来衡量债券变动的百分比相对于收益率变动的百分比，也就是 D_g^* 代表债券价格对于收益率变动的敏感度或债券价格的弹性系数。负号代表债券价格变动与收益率变动呈现反向关系。

案例 16-1：

4 年期国库券面额 100 元，每一年支付 6.465 元，其债券收益率为 6.465%，则根据公式（16-2）求算该债券的久期 $D_g = 3.65$，而修正久期 $D_g^* = -3.43$[即 $-3.65/(1+6.465\%)$]。此案例的详细计算过程可参阅作者的书《金融风险管理》第 12 章。

2. 国库券的凸性（风险）：

$$凸性系数（C_g）= \frac{dD_g^*}{\delta y_g}$$

$$= \frac{1}{P_g} \cdot \frac{1}{(1+y_g)^2} \cdot \sum_{t=1}^{T_s} \frac{t(t+1)C_t}{(1+y_g)^t} \quad (16-4)$$

当债券的凸性系数越大时，若债券收益率有比较大的变动，则造成债券价格变动的百分比会越大。

当利率变动比较大（或很大）时，只运用修正久期（D_g^*）来衡量债券价格变动的误差会变大。

以案例 16－1 的债券数据来计算，根据公式（16－4）可以求算出该债券的凸性系数 $C_g = 15.60$。其详细计算过程可参阅作者的书《金融风险管理》第 12 章。

3. 掉期固定端的久期和修正久期

类似于公式（16－2）和公式（16－3），掉期的固定端的久期与修正久期可以表示如下：

$$（1）掉期固定端的久期（D_s）= \frac{\sum_{t=1}^{T_s} \frac{tC_t}{(1+y_s)^t}}{P_s} \quad (16-5)$$

此处：

P_s = 掉期固定端价格（现值）

$$= \sum_{t=1}^{T_s} \frac{C_t}{(1+y_s)^t}，（详见本章第八部分的计算）$$

T_s = 掉期到期日

注：到期日现金流量，是当期票息加上名义本金。

y_s = 掉期利率（Swap Rate）

= 对应平价国库券收益率（r_g）+ 掉期（信用）利差（y_{sP}）

掉期利差（y_{sP}）= 掉期利率（y_s）－对应平价国库券收益率（r_g）

（2）掉期固定端的修正久期（D_g^*）$= \dfrac{dP_s/P_s}{dy_s} = \dfrac{-D_s}{1+y_s}$

= 掉期固定端利率敏感度

（16－6）

$D_s = dP_s/dy_s$

注：掉期利差与对应平价国库券收益率是相关的，但为了方便，我们假设两者是不相关或独立的，或利差的变动很微小（掉期固定端的久期与修正久期的计算过程与案例16－1类似，不再重复）。

（3）掉期固定端的凸性系数 $C_s = \dfrac{1}{P_s} \times \dfrac{1}{(1+y_s)^2} \times \sum_{t=1}^{T_s} \dfrac{t(t+1)C_t}{(1+y_s)^t}$

（16－7）

此处固定端凸性系数的解释与公式（16－4）的解释相同。

注：掉期利率的报价有买价（即支付的固定利率）和卖价（即收取的固定利率）。在计算时，我们可以采用买价和卖价的平均价（或中间价）。若掉期经纪商是支付固定利率（买价），则公式（16－5）～公式（16－7）内的掉期利率也可以采用经纪商的买价固定利率，这与采用中间价的误差相比应该会很小。

四、确定固定端的对冲比率

根据掉期固定端的对应国库券的关联数据以及运用公式（16－2）～公式（16－7），我们可以求算出固定端与国库券的久期与凸性系数。之后，我们可以决定对应国库券的名义本金金额。我们运用单一的修正久期及修正久期加上凸性系数两种方法来决定使用国库券的金额（N_g），以匹配掉期的名义本金（N_s）。

1. 只运用修正久期决定国库券金额 N_g：

$$D_g^* \cdot N_g = D_s^* \cdot N_s \tag{16-8}$$

所以，能够匹配掉期名义本金 N_s 的国库券（名义）金额为：

$$N_g = \frac{D_s^*}{D_g^*} \cdot N_s \tag{16-9}$$

案例 16－2：

假设根据关联的数据已求算出掉期固定端与国库券的修正久期分别为 $D_s^* = 4.20$ 和 $D_g^* = 3.43$。而掉期的名义本金为 100 万元。根据公式（16－9），能够匹配掉期名义本金 100 万元的国库券金额为：

$$N_g = \frac{4.20}{3.43} \times 100 \text{ 万元}$$

$$= 1.22 \text{ 倍} \times 100 \text{ 万元} = 122 \text{ 万元}$$

因为掉期的利率敏感度（即修正久期）是对应国库券利率敏感度的 1.22 倍，所以所需要的国库券金额为掉期名义本金的 1.22 倍（即 122 万元）。

注：当利率曲线是平移时，根据公式（16－9）求算 N_g 是准确的。但若不是平移，其误差可能会比较大。

2. 同时运用修正久期与凸性系数决定国库券金额 N_g

将公式（16－8）内的两边各加上凸性系数，以促使国库券的修正久期和凸性系数能够匹配掉期的修正久期和凸性系数：

$$\left(D_g^* + \frac{1}{2}C_g\right) \cdot N_g = \left(D_s^* + \frac{1}{2}C_s\right) \cdot N_s \tag{16-10}$$

所以：

$$N_g = \frac{D_s^* + \frac{1}{2}C_s}{D_g^* + \frac{1}{2}C_g} \cdot N_s \tag{16-11}$$

此处，公式（16－10）是根据泰勒展开式第二阶得知其原理的。

案例16－3：

除了案例16－2的数据外，假设我们已求算出凸性系数分别为$C_g=15.60$、$C_s=14.50$，则同时能够匹配掉期修正久期和凸性系数（即总敏感度）所需要的国库券金额为：

$$N_g=\frac{4.20+\frac{1}{2}\times 14.50}{3.43+\frac{1}{2}\times 15.60}\times 100\text{ 万元}=101.96\text{ 万元}$$

所以，加入凸性系数后，所需要国库券金额明显与案例16－2的金额不同。如果利率曲线不是平移，同时变动又比较大时，由公式（16－11）求算出的N_g比公式（16－9）求算出的N_g更准确，而且对冲固定端的利率风险更有效率。

五、运用两个不同到期日的国库券作为对冲工具

当所要求的单一国库券的到期日来匹配掉期的到期日有比较大的差距时，我们可以采用两个不同到期日的国库券作为对冲工具。比如8年或13年期的掉期或其他不太常见的掉期到期日，掉期对冲经理可以对这种比较少见且有较难匹配的掉期到期日，运用两种不同到期日的掉期作为对冲工具。比如，我们要对冲13年期固定端风险，可以采用10年期和15年期国库券作为对冲工具。我们可以将公式（16－8）加入10年期和15年期掉期的修正久期，如下：

$$D_s^*\cdot N_s=D_1^*\cdot N_1+D_2^*\cdot N_2\text{（修正久期匹配）}\qquad(16-12)$$

$$C_s\cdot N_s=C_1\cdot N_1+C_2\cdot N_2\text{（凸性系数匹配）}\qquad(16-13)$$

此处：

D_1^* 和 D_2^* 分别代表第一和第二国库券的修正久期；

C_1 和 C_2 分别代表第一和第二国库券的凸性系数；

N_1 和 N_2 分别代表第一和第二国库券所需要匹配的债券金额。

公式（16－12）和公式（16－13）是二元方程式，我们可以求解出两个国库券应有的匹配金额 N_1 和 N_2。已有现成的计算软件可以求算出公式（16－12）和公式（16－13）内的 N_1 和 N_2。下面我们用一个范例来介绍如何求解出 N_1 和 N_2。

案例 16－4：

要求算出 N_1 和 N_2 的数据，如表 16－1 所示。

表 16－1　　　　所需匹配的债券金额

指标	修正久期	凸性系数
掉期（N_s）	4.20（D_s^*）	14.50（C_s）
国库券一（N_1）	3.43（D_1^*）	15.60（C_1）
国库券二（N_2）	5.10（D_2^*）	16.10（C_2）

将上面数据代入公式（16－12）和公式（16－13）：

$$4.20N_s = 3.43N_1 + 5.10N_2 \qquad (16-14)$$

$$14.5N_s = 15.60N_1 + 16.10N_2 ,$$

此处：

$$N_s = 100\text{（万元）} \qquad (16-15)$$

由公式（16－14）先求解（N_1）：

$$N_1 = \frac{1}{3.43}(4.20N_s - 5.10N_2)$$

$$= 122.45\text{ 万元} - 1.49N_2 \qquad (16-16)$$

再将 N_1 代入公式（16－15），求算出 N_2：

$$14.5\times 100\text{万} = 15.60[122.45\text{万元} - 1.49N_2] + 16.10N_2$$
$$= 1910.22\text{万元} - 7.14N_2$$

$$\therefore N_2 = \frac{460.22\text{万}}{7.14} = 64.46\text{万元（国库券二的金额）}$$

再将 N_2 代入公式（16－16）获得 N_1：

$$N_1 = 122.45\text{万元} - 1.49\times 64.46\text{万元}$$
$$= 26.40\text{万元（国库券一的金额）}$$

六、掉期利率与国库券收益率和掉期利差间的关系

本章第四部分的介绍是运用适当的国库券作为对冲掉期（固定端）的利率风险。虽然掉期利率是掉期有效期内所有远期利率的加权平均利率，但就理论和实务而言，掉期利率可以表示为对应的国库券收益率和掉期（信用）利差之和。所以，当国库券利率期限结构（曲线）变动时，掉期利率也会随之变动，因此，由国库券利率变动所导致掉期利率变动的这部分风险可以由适当的国库券来对冲。但是掉期（信用）利差变动的风险，不能运用国库券利率来对冲，因为掉期利差也有自己的信用利差期限结构（或利差曲线）。当利差曲线变动时，掉期利率也会随之变动，因而产生掉期的利差风险。除非市场上有掉期利差的衍生工具，否则对冲这种利差风险只能依靠掉期经纪商在其掉期账簿内能够维持掉期固定端与浮动端的平衡（大约一半是固定端，另外一半是浮动端）。这样，平衡的两端利率在账簿内大致可以自行对冲，以降低掉期利差曲线变动所带来的风险。如果掉期账簿倾向单边（固定端仓位远大于或小于浮动端仓位），则当掉期利差曲线有比较显著变动时，就可能产生较大的亏损。在掉期交易历史上，每当掉期利差扩大时，维持单边的掉期经纪商遭遇严重性的亏损是经常发生的。所以，即使我们能够运用（或寻找到）与掉期相同到期日且现金流

量也很匹配的国库券来对冲掉期利差风险，掉期利差的变动（风险）也会导致原来是匹配的对冲变为不匹配的对冲，而遗留了残差风险。因此，在本章第三部分运用修正久期和凸性系数的公式时，我们假设掉期利差的变动很微小，或者它与国库券利率是独立的（或不相关）。要注意的是，只要利率曲线是呈现平移时，本章第三部分和第四部分的对冲方法一般会是正确且有效率的（平移是指短期、中期和长期利率往上移的幅度都一样，比如都是相同幅度的向上移动；若是往下移，其下行的幅度也一样，仍然维持原来的斜率与曲率）。以上所介绍的掉期利率与国库券和掉期利差间的关系，我们可用偏微分方程来表示其关系：

$$dP_s = \left(\frac{\partial P_s}{\partial y_g}\right)dy_g + \left(\frac{\partial P_s}{\partial y_{sP}}\right)dy_{sP} + \left(\frac{\partial P_s}{\partial y_g}\right)\left(\frac{\partial P_s}{\partial y_{sP}}\right)(dy_g dy_{sP}) \qquad (16-17)$$

此处，掉期固定端价值（现值）是国库券收益率 y_g 和掉期利差 y_{sP} 的函数。公式（16－17）说明，当国库券利率（或收益率）变动（dy_g）时，掉期固定端价值会随之变动（dP_s）。当然，掉期利差变动（y_{sP}）时，也会导致掉期固定端价值变动。同时，两者变动的相关性（$dy_g \times dy_{sP}$）也影响掉期固定端价值的变动，所以，上面详细分析的解释就是公式（16－17）所隐含的经济意义。

注：掉期（信用）利差有自己的利差期限结构，不同到期日利差之间是有相关性的。当然，他们之间的相关系数会小于 1（正如不同到期日的远期利率之间的相关系数）。因为不同到期日掉期利差相关性的存在，即使掉期账簿内的收取端与支付端维持平衡，账簿内仍然会有残差风险。

七、对冲浮动端的利率风险

就普遍的利率互换而言，每一利率互换期大多数是 6 个月（或 3 个月）。浮动端的利率是 6 个月期 LPR（或 3 个月期 LPR）。在每一互换期

$[t-1,t]$（比如 6 个月互换一次），LPR 利率是在每一期期初（$t-1$）时，根据当时期初（$t-1$）的 LPR 利率重新设定，作为该互换期期末（t）的结算利率（再乘以名义本金），表示如图 16－2。

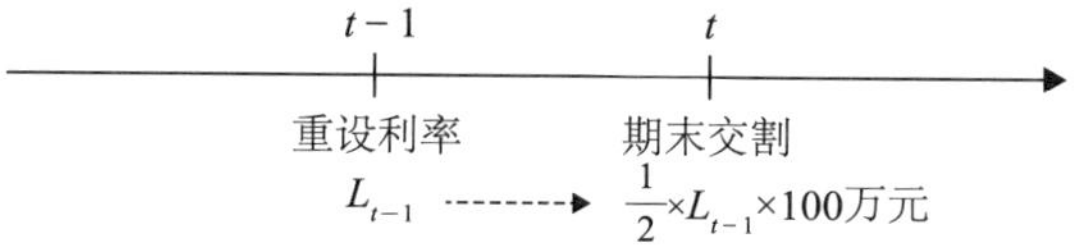

图 16－2　期末结算利率

此处：

$\frac{1}{2}$是指半年期（若是每 3 个月互换，则采用$\frac{1}{4}$）；

100 万元是名义本金。

在本章第一部分，我们已知道掉期浮动端的现金流量可以视为浮动利率的债券（FRN）。该债券的利率是在每一期期初重新设定，因此该债券的价值会在每一期期初重新回到该有的市价水平（即平价，At Par），而其久期等于6 个月（若是每3 个月互换一次，其久期为3 个月）。6 个月（或 3 个月）的久期是很短的，对利率变动的敏感度低。因此，FRN 能够在很短的时间内反映市场利率的变动，重新回到其市价水平。所以，FRN 在期初发行时，其市价已经反映了当时的利率期限结构。另外，FRN 的每 6 个月现金流量可以视为一个 6 个月期票据。有效期 N 期的 FRN 可以视为由 N 个 6 月期票据组合而成。

根据上面的分析，对浮动端利率风险的对冲有两种方法：

1. 因为每期（6 个月或 3 个月）浮动端的久期很短，其利率敏感度低，在掉期账簿内基本上可以自行对冲，特别是账簿内固定端与浮动端维持大致平衡时。但是，当利率的波动大幅上升时，持有支付浮动端比较大的仓位就会产生大亏损。在这种情况下，应该立即采用 LPR 利率期货来对冲上升的利率风险。目前只有国债期货可以作为对冲工具，但会产生基差风险。可以将国债期货的对冲方法加以修正调整，以免除基差风险（详见下一章的介绍）。

2. 第二种对冲方法是将支付浮动端视为一个浮动利率债券（FRN），买入相同到期日的 FRN 来对冲浮动端的利率风险。

关于第二种对冲方法，如果掉期账簿内能够维持支付与收取浮动端的平衡，可以不必对冲浮动端的利率风险。如果不能维持平衡，还是要运用 FRN 或者利率期货对冲浮动端的利率风险的。

八、运用组合方法对冲掉期账簿的风险

前文我们介绍了掉期账簿内每笔掉期的固定端与浮动端利率风险的对冲方法。在固定端方面的对冲，我们运用修正久期与凸性系数决定对冲比率，即决定匹配国库券的金额（或可以运用利率期货对冲）。但是利率期限结构会随着时间的推移而变动。因此，修正久期、凸性系数和对冲比率也会随之改变。所以，必须重新调整修正久期和凸性系数，以取得新的对冲比率。在调整修正的过程中，一定会产生交易成本与费用。对冲经理也必须了解其所发生的成本与费用，在对冲过程中可能会涉及剔除或加入某些掉期，以降低成本与费用。但是如果能够在账簿内找到两个或以上到期日比较接近的掉期，并使其相互对冲，则可以降低不少对冲成本。因此，账簿内的掉期不必逐笔去运用修正久期和凸性系数来决定对冲比率，也不一定会涉及利率曲线变动时所需要修正调整过程中的成本与费用（即节省这些成本费用）。所以，我们可以将掉期账簿视为一个掉期组合，并让掉期组合内的不同掉期形成相互之间的对冲［没有对冲掉的风险（剩余风险）是净残差风险］，然后再对净残差风险进行对冲。这样的对冲交易成本与费用会更少，节省了很多成本与费用。此外，我们也不必为新加入或

应剔除的掉期考虑。

就会计处理原则而言，在运用掉期组合方式进行对冲时，除非一笔掉期明显地被另外一笔掉期对冲或从账簿内被移除（以降低风险），否则，掉期账簿内所产生的利润，不会被会计处理认定为利润。因此，这种会计处理原则为掉期经纪商提供了两个有利的方法来应对掉期对手。

一是如果有新的掉期想要与掉期经纪商进行掉期交易时，这个新掉期具有对冲掉期账簿的风险时，经纪商会提供掉期对手比较优惠的价格，即经纪商愿意支付的固定利率会比较高，而要收取的固定利率会比较低。借此优惠价格鼓励新对手加入掉期。

二是若新掉期对手不具有对冲风险的性质（或特征）时，经纪商会以比较苛刻的利率条件来阻挠其加入。特别是对手要求一些特别定制条款的掉期。比如，每期交割的时间与现金流量异于常见的掉期，这种特制条款的掉期就属于很不常见的掉期，只会增加掉期账簿的风险。

九、非普遍型掉期对冲比率的求算

如果掉期是普遍型的掉期，其每个互换期一般都是 6 个月或 3 个月，而每期的现金流量也是固定。若不是普遍型的掉期，可以将其拆分为几个普遍型掉期，并使其现金流量的总和等于原来非普遍型掉期的现金流量。我们举例如下：

案例 16－5：

假设一个非普遍型掉期，其有效期为 4 年，每个互换期为 1 个月。我们可将这个非普遍型掉期拆分为 6 个每 6 个月互换的普遍型掉期：

（1）1，7，13，19，25，31，37，43，49（8个6个月期）

（2）2，8，14，20，26，32，38，44，50（8个6个月期）

（3）3，9，15，21，27，33，39，45，51（8个6个月期）

⋮

（6）6，12，18，24，30，36，42，48（8个6个月期）

所以，我们将非普遍型每个月互换的4年期掉期拆分成为6个普遍型（或正规型）、每6个月互换的普遍型掉期。该非普遍型掉期的每个月现金流量都包括于6个普遍型、每6个月互换的普遍型掉期之内。两者的总现金流量都是相等的，而且每个6个月互换的普遍型掉期都可以在市场上找到匹配的国库券（或LPR债券）作为对冲工具。

在案例16－5的拆分中，我们不一定要拆分为6个普遍型（或正规型）掉期，而且每个掉期内所获得普遍型掉期均可在市场上找到其合适的匹配债券。该案例中，我们可以运用本章第三部分的公式求算出修正久期和凸性系数，进而求算出对冲比率。

注：普遍型（或正规型）掉期是指在期初定价时，掉期的期初价值为零。借此所求算出的公允的固定利率称为掉期利率（详见本章第七部分的介绍）。

十、零息折现率与固定端现值的决定

在公式（16－1）中提及固定端现值可以被视为固定票息的债券。下面我们介绍如何求算该债券的价值（即现值）与零息折现率（Zero－Coupon Discount Rates）。

按市价且正规（或普遍）型掉期的固定端利率被称为掉期利率，它也是对应平价债券的收益率（详见第七章）。因此，掉期利率可以被视为平价债的票息。我们可以运用掉期利率来求算出零息折现因子（或折现率），借此用来折现掉期的现金流量。设定掉期的名义本金为 1 元，不同到期日的掉期利率以 $S_{0.5}, S_1, S_{1.5}, \cdots, S_n$ 来表示，它可以被视为对应平价债券每半年的票息率（以 1 元本金计算），也就是所谓的掉期对等的平价债券理论（The Swap Equivalent of The Par Bond Method，详见第七章第五部分的证明与利率掉期定价的经济意义）。因此，我们可以用掉期利率（或互换利率）来求算零息折现因子（或零息折现率），其求算过程如下：

1. 求算第一期［0，0.5 年］零息折现因子 Z_1（或折现利率 ${}_0r_{0.5}$）。

$$1 = Z_1\left(1 + \frac{S_{0.5}}{2}\right)$$

求解出 Z_1：

$$Z_1 = \frac{1}{\left(1 + \frac{S_{0.5}}{2}\right)} \tag{16-18}$$

此处：

$Z_1 = \dfrac{1}{(1 + {}_0r_{0.5})^{0.5}}$ = 第一期［0，0.5 年］的零息折现因子，而 ${}_0r_{0.5}$ 是该期的折现率。

注：在第一期 ${}_0r_{0.5} = S_{0.5}$。

2. 求算第二期［0，1 年］的零息折现因子 Z_2（或零息折现率 ${}_0r_1$）。

$$1 = Z_1\left(\frac{S_1}{2}\right) + Z_2\left(1 + \frac{S_1}{2}\right)$$

注：S_1 是 1 年期互换利率。

求算出 Z_2（注：Z_1 已在上面求算出了）：

$$Z_2 = \frac{\left[1 - Z_1\left(\frac{S_1}{2}\right)\right]}{\left(1 + \frac{S_1}{2}\right)} = \text{第二期折现因子} = \frac{1}{(1 + {}_0r_1)^1} \tag{16-19}$$

注：${}_0r_1$ 是第二期［0，1 年］的折现利率，1 代表两个半年期。

3. 求算第三期［0，1.5 年］的零息折现因子 Z_3（或零息折现利率 ${}_0r_{1.5}$）。

$$1 = Z_1\left(\frac{S_{1.5}}{2}\right) + Z_2\left(\frac{S_{1.5}}{2}\right) + Z_3\left(1 + \frac{S_{1.5}}{2}\right)$$

注：$S_{1.5}$ 是 1.5 年期互换利率。

$$\therefore\ Z_3 = \left[1 - Z_1\left(\frac{S_{1.5}}{2}\right) - Z_2\left(\frac{S_{1.5}}{2}\right)\right]\left(1 + \frac{S_{1.5}}{2}\right) = \frac{1}{(1 + {}_0r_{1.5})^{1.5}} \qquad (16-20)$$

根据公式（16－18）、公式（16－19）和公式（16－20），我们类推任何一期比如第 t 期的零息折现因子 Z_t 和零息折现率 ${}_0r_t, t = 1,2,\cdots,n$ 期：

$$Z_t = \left[1 - Z_1\left(\frac{S_t}{2}\right) - Z_2\left(\frac{S_t}{2}\right) - \cdots - Z_{t-1}\left(\frac{S_t}{2}\right)\right]\left(1 + \frac{S_t}{2}\right) \qquad (16-21)$$

此处：

$$Z_t = \frac{1}{(1 + {}_0r_t)^t},\ t = 1,2,\cdots,n \text{ 期},\ t \text{ 是每半年一期}$$

＝第 t 期的折现因子（即第 t 个半年期）

注：${}_0r_t$ 是$[0,t]$ 期的折现利率，S_t 是第 t 个半年期的互换利率。

注：上述计算零息折现因子的方法，只适用于按市价的掉期。若偏离市价的掉期，则不适用；否则会产生误差。同时也不适用于非正规掉期的现金流量，即互换期不同以及收取与支付的时间不是在同一时间发生。上述折现因子的求算是根据平价债券的收益率以及根据正规和按市价的掉期推导出的理论。

所以，掉期经纪商要尽量避免这种非正规且偏离市价的掉期，除非其获利很高，否则不能接受它。

如果要定价非正规掉期或客制化掉期的现金流量所需要的折现因子（或折现率），我们可以运用债券数据和概化回归（GLS）加上极小误差的优化来求算出零息折现因子。有兴趣的读者可以参阅 Martellini & Priaulet

(2001) 的书 (第一章)。

其实，由债券数据求算出的零息折现因子（或折现率）可以运用于折现任何模式的现金流量，包括正规、非正规和客制化的现金流量，但其求算过程会更复杂一些。我们举例如何运用上面的公式，求算零息折现因子 (Z_t)。

案例 16－6:

表 16－2 是掉期利率报价与零息折现因子的情况。

表 16－2 掉期利率报价与零息折现因子

期限	掉期利率报价（S_t）	折现因子（Z_t）
6mLPR（0.5 年）	1.54%（S_1）	0.9924（Z_1）
1 年期（1.0 年）	2.07%（S_2）	0.9795（Z_2）
1.5 年期（插补）	2.55%（S_3）	0.9625（Z_3）
2 年期（2 年）	3.02%（S_4）	0.9415（Z_4）

1 年期以内的掉期报价是以 6 个月（m）期 LPR 利率作为报价利率。1 年或以上的期限由掉期利率的市场报价（以整年为主）。所以，1.5 年期掉期利率的报价可用 1 年期和 2 年期利率插补而获得 2.55%（因为 1.5 年的两边都是半年，2.55% 是 2.07% 与 3.02% 的平均值）。求算每期的零息折现因子 (Z_t)，如下：

运用式（16－18）：

$$Z_1 = \frac{1}{\left(1 + \frac{1.54\%}{2}\right)} = 0.9924$$

= 第一期［0，0.5 年］的折现因子

（或者，$Z_1 = \frac{1}{(1 + 1.54\%)^{0.5}} = 0.9924$（6 个月 LPR 本身就是折现利率）

运用式（16－19）：

$$Z_2 = \frac{\left[1 - 0.9924 \times \left(\frac{2.07\%}{2}\right)\right]}{\left(1 + \frac{2.07\%}{2}\right)}$$

$$= \frac{0.98965}{1.0104} = 0.9795$$

注：Z_2 是第二期［0，1 年］的折现因子。

运用式（16－20）：

$$Z_3 = \frac{\left[1 - 0.9924\left(\frac{2.55\%}{2}\right) - 0.9795\left(\frac{2.55\%}{2}\right)\right]}{\left(1 + \frac{2.55\%}{2}\right)}$$

$$= \frac{0.9748}{1.0128} = 0.9625$$

注：Z_3 是第三期［0，1.5 年］的折现因子。

此处：$\frac{S_3}{2} = \frac{2.55\%}{2}$

运用式（16－21）：当 $t = 4$ 时：

$$Z_4 = \frac{\left[1 - Z_1\left(\frac{S_4}{2}\right) - Z_2\left(\frac{S_4}{2}\right) - Z_3\left(\frac{S_4}{2}\right)\right]}{\left(1 + \frac{S_4}{2}\right)}$$

$$= \Big[1 - \underset{(Z_1)}{0.9924}\left(\frac{3.02\%}{2}\right) - \underset{(Z_2)}{0.9795}\left(\frac{3.02\%}{2}\right)$$

$$- \underset{(Z_3)}{0.9625}\left(\frac{3.02\%}{2}\right)\Big] \Big/ \left(1 + \frac{3.02\%}{2}\right)$$

$$= \frac{0.9957}{1.0151} = 0.9415$$

注：是第四期［0，2 年］的折现因子。

此处：$\frac{S_4}{2}=\frac{3.02\%}{2}$

4. 求算掉期固定端的现值。

我们一旦获得了掉期的每期折现因子，便可将掉期固定端的现金流量乘以折现因子，就可得到其现值，如表 16－3 所示。

表 16－3　　掉期现金流量折现因子与现值

期限（年）	CF_t（$=LPR\times\frac{100}{2}$）	折现因子（Z_t）	折现值（$CF_t\times Z_t$）
0.5	0.77（=1.54%×50）	0.9924	0.7641
1.0	1.04（=2.07%×50）	0.9795	1.0187
1.5	1.28（=2.55%×50）	0.9625	1.2320
2.0	1.51+100（本金）	0.9515	96.5868
			99.6016

若掉期名义本金为 100 万元，则掉期固定端现值为 99.6016 万元。

注：若每期是 3 个月，公式内的$\frac{S_t}{2}$改为$\frac{S_t}{4}$。

十一、掉期利率报价缺口的补救方法

就中长期的掉期而言，零息折现因子（或折现率）的求算必须要有完整的掉期利率曲线。但是偶尔会有 1 年、2 年或 3 年的缺失报价数据（或称报价缺口），在这种情况下，我们可以采用下列两种方法来弥补报价缺口。

1. 如果报价缺口很小，可以直接采用非线性插补法，称为立方仿样函数（Cubic Spline Function，CSF）去插补。因此，报价缺口的两端都有报价点。这个缺口可由一个 CSF 插补，加上其他报价点的几个 CSF 共同组合成为一条平滑的立方曲线。这个曲线代表的是掉期利率曲线（或期限结构）。只要这个缺口小（1 年或 2 年内的缺口），CSF 的插补会有比较满意的结果。当然，也可以采用比较复杂的指数仿样函数（Exponential Splines），详见 Vasicek 和 Fong（1982）的论文。

2. 如果报价缺口比较大（比如 3 年或以上），可以先采用 CSF 插补，获得插补的报价曲线，然后，以插补出的缺口估计值的利率来决定该缺口对应到期日平价债券的价格，并与相同到期日实际平价债券的市场价格作比较。若两个价格的差价比较大，则应将插补出的缺口利率加以修改调整后的利率再回放入 CSF 的插补程序内进行插补。之后，将重新计算出的两个价格作比较，若两者的差价是可以接受的小误差，则终止插补程序；否则重复上述的插补与差价的比较，一直到可获得满意的小误差才终止。另外，也可将掉期报价的期间拉长，取得比较长时间的报价数据，并以 CSF 去插补缺口的利率或者运用上述重复插补的方法，以取得最小误差的缺口利率估计，希望借由比较长的数据降低缺口数据的影响，使其缺口误差变小，但要注意拉长报价数据可能会引入流动性低（或非热门债券）的报价数据。

十二、掉期组合固定端风险的对冲与组合波动率的构建：实务应用

本章第三部分和第四部分已介绍单一掉期的现金流量可被视为对应相同到期日国库券的现金流量，并可以零息折现因子（或零息折现率）求算其现值。此外，我们可运用修正久期和凸性系数寻找合适的匹配国库券，并求算对冲比率。一般而言，单一匹配所产生的现金流量不匹配的可能性是相当小的，即使在掉期有效期内平价收益率曲线不是平移的。但是如果

我们以一个债券组合来对冲掉期组合时，债券组合与掉期组合之间的现金流量不相匹配的可能性就会增加，加上平价收益率曲线不是平移的情况，现金流量不相匹配所导致的残差风险也不容忽视。残差风险可以运用利率期货对冲（详见下一章）。

当收益曲线不是平移，而且是随意变动的，我们必须了解收益率曲线随意变动时对固定端组合价值变动的影响。我们要了解收益率变动对每期组合价值变动的影响，进而了解固定端组合整体价值的波动率。因此，我们可以将组合每期的现金流量视为一个零息债券，其有效期只有一期，到期本金为 1 元。因此，我们可以借用计算久期公式（16－5）内的观念，当收益率曲线变动（dy_s）时，对固定端内第 t 期价值的变动量$\left(\frac{dP_s}{dy_s}\right)$的估算表示如下：

$$\frac{dP_s}{P_s} = \frac{-t}{(1+y_s)} \cdot dy_s \tag{16-22}$$

此处，因为每期价值被视为一个零息债券，本金为 1 元，$C_t = 1$（因为零息），公式（16－22）的经济意义是，当收益率变动（dy_s）时（比如变动 5bp 时），会导致第 t 期固定端价值（或价格）变动，变动百分比为 dP_s/P，而负数代表收益率上升（或下降），会导致价值下降（或上升），呈现负相关。同时，公式（16－22）内 dy_s 的系数［$-t/(1+y_s)$］代表，当收益率（dy_s）变动时，固定端第 t 期价格变动的敏感度（或敏感系数），这类似于市场模型的系统风险 β（Beta），用于衡量投资收益率对于市场组合变动的敏感度。此外，我们也可以运用公式（16－22）求算固定端价格变动的方差。

$$\sigma_{P_t}^2 = \frac{t^2}{(1+y_s)^2} \cdot \sigma_s^2 \tag{16-23}$$

此处：$\sigma_P^2 = Var\left(\frac{dP_s}{P_s}\right)$

$\sigma_s^2 = Var(dy_s)$

对公式（16－23）开平方根后就是固定端价格的波动率 σ_P。

上述固定端零息债券的组合可以被视为零息国库券。因此我们可以用零息国库券来对冲固定端的利率风险。同时，我们可以运用对应零息国库券收益率的波动率来替代固定端债券组合的波动率。此外，固定端债券组合内各债券之间存在相关性。我们也可以运用零息国库券之间的相关系数来替代它。当我们运用零息国库券的波动率和其相关系数来替代固定端债券组合的波动率和相关系数时，这个替代方法当然可以捕捉（或衡量）当零息收益率曲线作任何形式的变动时（包括平移的变动）固定端债券组合的波动率和相关系数。

原则上，我们可以根据零息国库券的收益率数据，再运用公式（16－23）来求算零息国库券的波动率，但是零息国库券的收益率要受关联而且重要的利率因子的影响。根据主因子分析方法（Principal Component Analysis，PCA）的实证分析结果，第一主因子代表曲线平行移动因子，它也可以解释为短期与长期利率的平均值。第二主因子代表曲线斜率振幅（Slope Oscillation）因子，它显示短期与长期利率的利差，或曲线短端、长端的差别（或斜率）。第三主因子代表曲线的曲率，它显示曲线的每段（短期、中期、长期）都受不同程度的影响。为了要求算零息国库券收益率的波动率，并且能够接轨决定零息利率曲线变动的主因子。Schaefer（1981，1982）采用了一个比较简单而且比较完整的二因子模型来捕捉零息国库券收益率的变动，这个模型其实是二元回归模型。解释变量为 1 年期与 10 年期零息利率，被解释变量为零息国库券收益率，其模型表示如下：

$$\Delta y_t = \alpha + \beta_1 \cdot \Delta y_{10} + \beta_2 \cdot \Delta \varepsilon_t + \Delta z_t \qquad (16-24)$$

此处：

Δy_t = 对应匹配的国库券收益率的变量（dP/P）

$\Delta \varepsilon_t$ = 以 1 年期利率变量作为被解释量（Δy_1），而 10 年期利率变量

（Δy_{10}）作为解释变量。

回归线的残差项：

$\Delta\varepsilon_t = \Delta y_t - (\alpha + \beta_1 \Delta y_{10})$

该残差项 $\Delta\varepsilon_t$ 已将 Δy_{10} 的影响，从 Δy_1 剥离，因此，$\Delta\varepsilon_t$ 代表剔除 10 年期利率变动影响之后的 1 年期利率变动的净影响，它可以用来解释国库券收益率变量 Δy_t 。因此，Δy_{10} 与 $\Delta\varepsilon_t$ 变为不相关。

Δz_t = 未解释的残差

下面再运用公式（16－22）与公式（16－24），则国库券收益率的方差与其协方差可以求算如下：

$$\begin{aligned}\sigma_{Pt}^2 &= Var(dP/P) \\ &= Var(\Delta y_t) \\ &= Var(\beta_1 \Delta y_{10}) + Var(\beta_2 \Delta\varepsilon_t) + Var(\Delta z_t) \\ &= \frac{t^2}{(1+y_s)^2}(\beta_1^1\,\sigma_{y_{10}}^2 + \beta_2^2\,\sigma_\varepsilon^2 + \sigma_2^2)\end{aligned} \quad (16-25)$$

此处：

$\sigma_{y_{10}}^2 = Var(\Delta y_{10})$

$\sigma_\varepsilon^2 = Var(\Delta\varepsilon_t)$

$\sigma_z^2 = Var(\Delta z_t)$

$$Cor\left(\frac{dP}{P},\frac{dP^*}{P^*}\right) = \frac{t \cdot t^*}{(1+y_s)+(1+y_s^*)} \cdot Cov(\Delta y_t, \Delta y_t^*)$$

运用公式（16－22）：

$$Cor\left(\frac{dP}{P},\frac{dP^*}{P^*}\right) = \frac{t \times t^*}{(1+y_s)(1+y_s^*)} \times \begin{bmatrix}\beta_1\beta_1^*\ \sigma_{y_{10}}^2 + \beta_2\beta_2^*\ \sigma_\varepsilon^2 \\ + Cov(\Delta z_t, \Delta z_{t^*})\end{bmatrix} \quad (16-26)$$

此处：

$Cov(\Delta z_t, \Delta z_{t*}) = \rho_{zz*}\sigma_z\sigma_{z*}$

注：星号＊代表不同时间。

最后，运用投资组合的原理，零息国库券组合（即掉期固定端组合）的方差可以表示为：

$$\sigma_g^2(=\sigma_s^2)=\sum_{t=1}^{T}\omega_t^2\sigma_{P_t}^2+2\sum^{T}\sum_{t<t^*}^{T}\omega_t\omega_{t^*}\cdot Cov\left(\frac{dp}{p},\frac{dp^*}{p^*}\right) \qquad (16-27-1)$$

此处：

ω_t = 第 t 期掉期固定端现金流量的权重

$$\text{波动率}=\sigma_g=\sqrt{\sigma_g^2}=\sqrt{\sum_{t=1}^{T}\omega_t^2\sigma_{P_t}^2+2\sum^{T}\sum_{t<t^*}^{T}\omega_t\omega_{t^*}\cdot Cov\left(\frac{dp}{p},\frac{dp^*}{p^*}\right)} \qquad (16-27-2)$$

波动率公式（16－27－2）［或方差公式（16－27－1）］可以帮助掉期经纪商作两项重要的决策。

一是决定是否接受一个新掉期与如何定价这个新掉期。根据公式（16－27－1），我们可以重新计算新掉期加入后是否会增加掉期固定端组合的波动率。如果新加入的掉期会增加组合波动率，则在定价时要进行必要的调整：要支付的固定端利率比正常情况下的利率低，而要收取的固定端利率必须比正常利率高。当然，也可以不必接受这个新掉期。

如果新掉期可以降低组合波动率，则鼓励其加入：提高要支付的固定利率，或降低要收取的固定利率。

二是运用公式（16－27－2）计算出来的波动率 σ_g 可以决定掉期固定端组合利率风险是否要全部对冲，或者只对冲其中一部分，因为组合波动率代表承担利率风险程度的高低。比如，若零息收益率的正常波动率在 7%～10%，而组合波动率是 15%，则组合波动率应高于市场的波动率，对冲部分风险，以降低其波动率至少与市场波动率相同或更低，这当然要看经纪商对利率风险愿意承担的程度。

十三、掉期组合内递增方差与递增风险值 VaR 的实务意义

掉期组合方差可以拆分为每期现金流量价值变动对掉期组合风险贡献程度大小（或其在组合风险中所占有风险比例的高低）。公式（16－27－1）可以进一步改写如下：

$$\begin{aligned}\sigma_g^2 &= \sum_{t=1}^{T}(\omega_t\beta_t^*)\sigma_g^2 \\ &= (\omega_1\beta_1^*)\sigma_g^2 + (\omega_2\beta_2^*)\sigma_g^2 + \cdots + (\omega_T\beta_T^*)\sigma_g^2 \end{aligned} \qquad (16-28)$$

此处：

$$\sum_{t=1}^{T}(\omega_t\beta_t^*) = 1$$

β_t^* ＝第 t 期现金流量价值变动相对于掉期组合价值的敏感度（或称为 Beta）。

公式（16－28）的解释如下：

$(\omega_t\beta_t^*)\sigma_g^2$ 代表第 t 期现金流量价值变动对掉期组合风险的递增方差（或递增风险），也就是第 t 期现金流量价值变动的递增方差（或递增波动率）可以由 $(\omega_t\beta_t^*)\sigma_g^2$ 来衡量（或评估）。这个递增风险（或递增波动率）越大，该期现金流量价值的变动对掉期组合风险的贡献也越大。掉期经纪商必须对该期现金流量价值变动的风险加以关注，想办法将该期的风险降低。（第 t 期的递增波动率 $=\omega_t\beta_t^*\cdot\sigma_g$）。对于公式（16－28）的推导，读者可参阅本书作者的书《金融风险管理》第 11 章。另外，公式（16－28）也可以用来拆分掉期组合的风险值（VaR_g，Value at Risk）成为每期现金流量变动的风险值，如下：

$$VaR_g = (\omega_1\beta_1^*)\cdot VaR_g + (\omega_2\beta_2^*)\cdot VaR_g + \cdots + (\omega_T\beta_T^*)\cdot VaR_g \qquad (16-29)$$

此处，$(\omega_t\beta_t^*)\cdot VaR_g$ 是第 t 期现金流量价值变动的递增风险值。第 t 期的递增风险值越大，显示该期的递增风险值占有整体掉期组合风险值（VaR_g）的分量越大。在 95% 的置信水平下，掉期组合产生亏损的金额为 $VaR_g = 1.65 \times \sigma_g \times$ 掉期组合总价值。有兴趣的读者可参阅作者的书《金融风险管理》第 11 章。

注：公式（16－27－1）的掉期组合方差计算着重于两个重要利率因子［公式（16－24）］对掉期组合方差（或波动率）的影响。当我们求算掉期组合内的递增方差与递增风险值时，可以直接运用对应匹配国库券组合的收益率来计算方差，然后再运用公式（16－28）和公式（16－29），会比较直接且简单。

第十七章 掉期经纪商运用期货对冲融资利率风险的方法

一、运用利率期货对冲掉期利率风险

下面我们举例说明。假设在利率互换中，企业收取固定利率 5. 20%，也就是经纪商支付固定利率 5. 20%。这个固定利率 5. 20% 是根据掉期签约时，在掉期有效期内（比如 3 年期）所有不同期的远期利率来决定的。这个 5. 20% 是根据签约日起直到 3 年的整条远期利率曲线来定价的。但是自签约日起，远期利率期限结构会随着金融市场和宏观经济因素变动而变动。如果日后远期利率曲线呈现上行（或更陡峭），则（新的）掉期固定利率也会往上调整（比如往上涨到 5. 30% 或更高），正如图 17 - 1 所示。

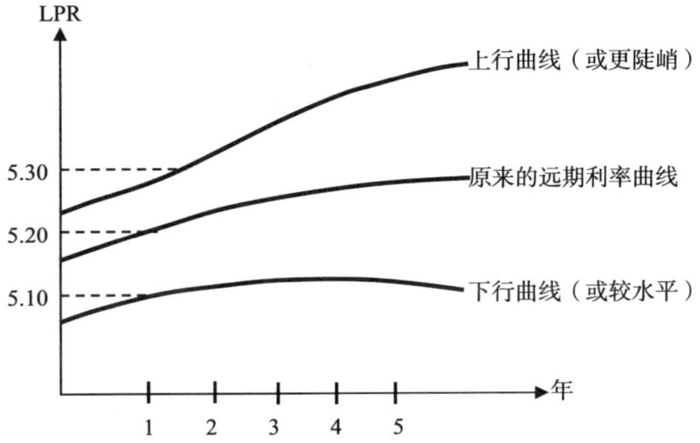

图 17－1　远期利率曲线与掉期固定利率

只要对手（或企业）没有发生违约，这都不是问题（若有违约，上涨的利率 5.30% 就必须用来估算违约盈亏的现值，即重置掉期市值，详见第十六章的介绍）。但是在每一个掉期交割日，若利率往上涨，运用当时的融资资金来支付掉期的固定利息也会因为利率上升而增加融资成本。因此，为了要对冲融资成本上涨的风险，可以出售 LPR 利率期货（将来可能会出现）。若没有 LPR 利率期货，可以选择出售国债期货对冲掉期利率上升的风险，但会出现基差风险。下文我们会介绍利用交叉套期保值的对冲策略来对冲基差风险。

我们再回来观察图 17－1，如果远期利率曲线往下行变为较平坦的曲线，掉期（固定）利率会往下调整。比如由 5.20% 下行调整为 5.10%。假设经纪商原来是收取固定利率 5.20%，比新的利率 5.10% 高，只要对手没有违约，这不是问题。但是掉期经纪商在每个掉期交割日所收取到的固定利息，若要投资于短期资金市场，会因为利率的下跌而导致投资利息的减少。在这种情况下，经纪商可以买入适当数量的利率期货来对冲风险。但是，经纪商不是对每笔掉期都进行出售（或买入）利率期货来对冲风险，而是将整体掉期组合的（加权）平均固定利率（比如 5.20%）作为出售（或买入）利率期货的价格（或行权利率）。为了让读者了解运用利率期货对冲利率风险的基本原理，我们以单一期掉期的对冲为例，那么其延伸到复期掉期协议的对冲就会自然地理解了。

二、运用利率期货对冲：基本概念

假设经纪商的仓位是支付掉期固定利率 6.20% 。由于预期未来远期利率会上行，经纪商要在下一季（三个月）对冲掉期固定利率上升的风险。我们先介绍一下单一期的对冲，下文会再延伸到多期的对冲。

目前期货的市场信息如下：

（1）当前，期限 3 个月的 LPR 利率是 6.15% 。

（2）期限 3 个月的 LPR 利率期货的售价为 93.80。

为了对冲掉期利率上升的风险，掉期经纪商应该以 93.80 点的价格卖出 10 手 3 个月期 LPR 期货合约。假设 1 手 LPR 利率期货合约的规格是 100 万元人民币，而在掉期交割日，经纪商必须支付给对手 1000 万元人民币，则出售 10 手 LPR 利率期货就可以确保掉期经纪商在未来 3 个月的交割日，融资 1000 万元支付给对手的融资利率可以锁定在 6.20% （ = 100% - 93.80% ）。如图 17 - 2 所示：

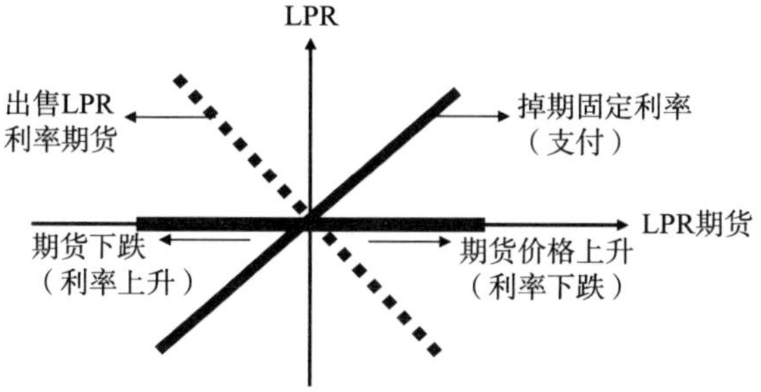

图 17 - 2 利用利率期货管理掉期利率风险：交叉点是要锁定的掉期利率 6.20%

注：离岸美元（LIBOR）利率期货是在芝加哥大宗商品交易所（CME）的国际货币市场（IMM）进行交易的。日后，我国一定会发展并构建 LPR 利率期货市场。

在图 17－2 内，随着期货价格上涨，利率会下降；但是期货价格下跌，利率则会上升。所以，要融资对冲掉期（固定）利率上升的风险，我们要出售利率期货，正如图 17－2 虚线所示。若要对冲掉期利率下跌的风险，我们应买入利率期货。

解析：

（1）在期货到期日，如果当时 LPR 利率上升至 6.5%，则期货价格下跌至 93.50 点，6.2% 的利率是在卖出期货（93.80 点）合约 3 个月前就已经被锁定了。具体见表 17－1。

表 17－1　　期货到期日时的利率（一）

项目	利率
LPR 市场利率	6.50%（＋）
卖出期货的利得 （利息成本抵减） 93.8（卖价）－93.5（买价）	0.30%（－）
净利息成本	6.20%

注：为了在到期日进行期货平仓，经纪商必须以到期日的期货价格 93 点（＝100－7）买回同样的期货。

（2）在到期日，如果当时 LPR 下降至 6%，则有表 17－2。

表 17－2　　期货到期日时的利率（二）

项目	利率
LPR 市场利率	6%（＋）
卖出期货的损失 （利息成本增加） 93.8（卖价）－94（买价）	0.20%（＋）
净利息成本	6.20%

因此，无论利率是上行或下行，掉期经纪商保证可以获得 6.2% 的利息来支付掉期固定利息，正如图 17－2 所示的无利率风险。

三、基差风险：与到期日不匹配

前文假设掉期的交割日期与期货合约到期日完全相同，然而在许多情况下，两者到期日并不匹配，从而导致基差风险。这意味着，利用期货不能完全对冲利率风险。这种基差风险也会同样出现在对冲其他价格风险的时候，如外汇风险、股票价格风险、商品价格风险等。

以一个案例来说明到期日不匹配所产生的基差风险，如下：

案例 17 –1：

掉期经纪商的掉期交割日是 8 月 1 日，而最近到期日的利率期货是 8 月 15 日，两个到期日相差 14 天，如图 17 –3 所示：

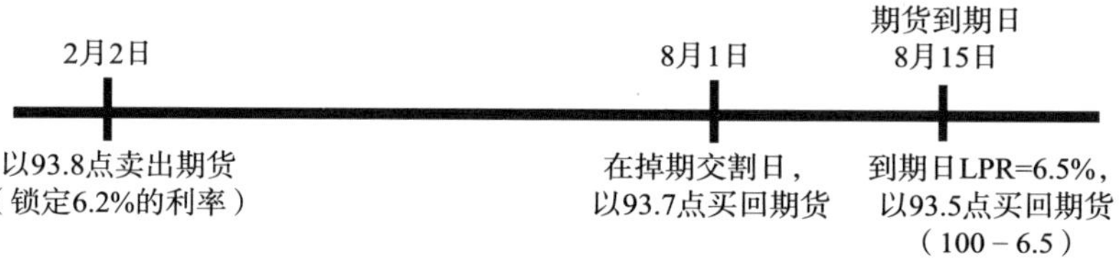

图 17 –3　到期日不匹配所产生的基差风险

解析：

在掉期交割日 8 月 1 日提前平仓，以 93. 70 点的价格买回期货，而不是以 93. 50 点的价格（8 月 15 日），此时产生的基差等于：93. 50 – 93. 70 = –0. 20 点。这是额外的利息成本 20 个基点，导致无法锁定期初想要的掉期利率 6. 20%，而变为 6. 40%。

在盈亏分析方面：

8 月 1 日提前平仓买回期货：93. 80（原来卖出） –93. 70（买回） = 0. 10 点（期货获利减少，而不是原来的 0. 30 点）

8 月 15 日期货到期日：93. 80（原来卖出） –93. 50（买回） =0. 30

点（应该有的期货利润）

总体上，亏损 20 个基点的利润（0.30 - 0.10 = 0.20 点），意味着提前买回期货导致多付出利息 20 个基点。

四、条式套期保值：案例分析

前文我们介绍了在掉期的一段特定时间内对冲掉期利率风险。在实践中，掉期经纪商和企业通常会有较长的掉期协议。在这种情况下，只要期货的流动性没有问题，我们就可以使用一系列的期货对冲未来掉期利率上升的风险。这一系列的套期保值被称为“条式套期保值”。

案例 17 - 2：

这是我们举例一个 1 年期 LPR 利率掉期协议，而后再考虑实务会发生的情况，并进行适当的调整。

假设：A 银行与几家企业协议几笔 1 年期掉期，都是每 3 个月互换一次，时间从 3 月 15 日到 12 月 15 日。A 银行支付的掉期利率为 5.5%。因为在短暂时间内（5 ~ 10 天），无法寻找到适合匹配的国库券，因此 A 银行决定运用 LPR 利率期货对冲掉期利率风险。目前 LPR 利率期货的价格如表 17 - 3 所示。

表 17 - 3　　目前 LPR 利率期货的价格

1 月 14 日（今天）	融资固定利息的资金	期货价格（点）
3 月 15 日	1000 万元	94.50（3 个月）
6 月 15 日	1000 万元	94.40（6 个月）
9 月 15 日	1000 万元	94.35（9 个月）
12 月 15 日	1000 万元	94.28（12 个月）

假设每手期货合同为 100 万元人民币。几笔掉期的名义本金共计 7.3 亿元。

每 3 个月应融资掉期固定利息支出的资金 = 73000 万元 × $\left(\frac{90}{365}\right)$ × 5.5% = 1000 万元

应出售期货手数 = 10000000 ÷ 1000000 = 10（手）

为对冲未来四个季度掉期融资利率上升的风险，进行下列 4 个出售期货的交易：

在 1 月 14 日（今天），同时出售下面一系列的期货：

（1）卖出 10 手 3 个月期 LPR 期货合约 3 月 15 日到期，其价格为 94.50 点，利率锁定为 5.5%（= 100% − 94.5%）。

（2）卖出 10 手 6 个月期货合约 6 月 15 日到期，其价格为 94.40 点，利率锁定在 5.6%（= 100% − 94.40%）。

（3）卖出 10 手 9 个月期货合约 9 月 15 日到期，其价格为 94.35 点，利率锁定在 5.65%（= 100% − 94.35%）。

（4）卖出 10 手 12 个月期货合约 12 月 15 日到期，其价格为 94.28 点，利率锁定在 5.72%（= 100% − 94.28%）。

随时间的推移：

（5）在 3 月 15 日，买回 10 手期货合约，用来平仓 1 月 14 日卖出的期货头寸。所以在 3 月 15 日，A 银行就可以利率 5.5% 融资 1000 万元作为 3 月 15 日掉期利息的支出。

（6）在 6 月 15 日，买回 10 手 1 月 14 日卖出的 6 个月到期期货合约。6 月 15 日，A 银行就可以利率 5.6% 融资 1000 万元，以支付掉期利息给企业。

（7）在 9 月 15 日，买回 10 手 1 月 14 日已售的 9 个月到期期货合约。9 月 15 日的融资利率为 5.65%，以支付掉期利息 1000 万元。

（8）在 12 月 15 日，买回 10 手 12 个月到期的期货合约。12 月 15 日的融资利率为 5.72%。

以上的交易列表如表 17－4 所示，以帮助读者了解。

表 17－4　　条式套期保值交易列表

日期	3 月份合约	6 月份合约	9 月份合约	12 月份合约
1 月 14 日	卖出 10 手	卖出 10 手	卖出 10 手	卖出 10 手
3 月 15 日	买回 10 手			
6 月 15 日		买回 10 手		
9 月 15 日			买回 10 手	
12 月 15 日				买回 10 手

结论：

当 LPR 利率一路往上行，运用条式套期保值的方法能够使掉期经纪商锁定未来每一个交割日期掉期固定利息支出的成本为 5.5%、5.6%、5.65%和 5.72%。上面的对冲方法，只要较长期的期货有足够的流动性，条式套期保值就可以对冲较长时间的利率风险。但是在实务上，随着期货有效期的拉长，其流动性下降，期货的买卖价差扩大，导致想要锁定的融资利率高于预期，或者想要锁定的投资利率太低。

同理，通过买入或卖出一系列外汇期货，条式套期保值也适用于对冲较长时间以后的外汇风险（只要期货流动性没有问题）。买入外汇期货可以对冲外币升值的风险，而卖出外汇期货可以对冲外币贬值的风险。

五、滚动式套期保值：案例分析

当远期利率期货合约的流动性欠佳，而且掉期协议的有效期比较长（1 年、3 年、5 年、7 年、10 年、15 年、20 年等），我们应该采用滚动式套期保值（Rolling Hedge）的方法来对冲较长时间的利率风险；在每个互换期，都运用了 3 个月期货，因其流动性最好。我们仍使用前文的例子。

案例 17-3:

根据前文的信息，滚动式套期保值可以这样进行（见表 17-5）。

表 17-5 滚动式套期保值

日期	融资决策
1月15日	卖出10手3月期货，锁定利率（假设为5.5%），从而在3月15日融资1000万元（假设从1月15日至3月15日的收益率曲线是上升，之后呈现水平，所以只对冲从1月15日到3月15日利率上升的风险）
3月15日	(1) 买回10手3月期货，使1月15日卖出的仓位平仓 (2) 在3月15日卖出30手（=10+10+10）6月到期的期货（有效期3个月）、锁定利率（假设5.65%）。从而在6月15日融资1000万元，因此对冲展期至6月15日（假设在3月15日的收益率曲线呈上升的趋势，直到12月底） (3) 3月15日融资1000万元的利率是5.5%，已经在1月15日锁定
6月15日	(1) 买回30手6月期货，使3月15日卖出的仓位平仓 (2) 在6月15日卖出20手（=10+10）9月到期的期货，锁定利率（假设5.75%）。从而在9月15日融资1000万元，由此对冲展期至9月15日 (3) 6月15日融资1000万元的利率是5.65%，已经在3月15日锁定（在6月15日的收益率曲线仍呈上升趋势，直到12月底）
9月15日	(1) 买回20手9月到期的期货，使6月15日卖出的仓位平仓 (2) 最后卖出10手12月期货锁定利率（假设5.85%）。从而在12月15日融资1000万元，由此对冲展期至12月15日 (3) 9月15日融资1000万元的利率是5.75%，已经在6月15日锁定
12月15日	(1) 买回15手12月期货，使9月15日卖出的仓位平仓 (2) 12月15日融资1000万元的利率是5.85%，已经在9月15日锁定

滚动式套期保值的另一优点是，它允许每期融资额度计划在对冲期间变动，可以进行调整，详见本书作者的书《金融风险管理》第三章。但是，因为在上述案例中，掉期经纪商每个交割期的固定利息支出金额都是一样的，所以在掉期对冲期间没有变动，不必进行调整。

六、交叉套期保值：案例分析

在前面的章节中，LPR 利率期货适用于对冲 LPR 相关的利率风险。而在某些情况下，如商业票据（CP）利率之类的基础利率没有专属的对应期货。因此，我们必须寻找一个替代期货来进行交叉套期保值（Cross Hedging），比如离岸人民币期货，其利率变动与商业票据利率是高度相关的，可利用它来作为替代期货。同理，在国内没有 LPR 利率期货，但我们可以运用国债利率期货作为替代期货来对冲国内 LPR 的利率风险。

案例 17－4：

假设 C 银行（掉期经纪商）每 6 个月掉期交割日必须支付 LPR 掉期固定利率 6.20% 给对手企业。但是，目前并没有 LPR 利率期货，因此决定采用 3 个月期国债利率期货作为替代期货来对冲 LPR 利率风险，因为 LPR 利率与国债期货的相关性高，而且 3 个月期的国债期货的流动性也高。但是必须对应该出售 3 个月期国债期货的数目（手数）作一些调整，才能得到出售 3 个月期国债期货的适当手数，其中，包括敏感度（β）和不同基点价值的调整。详细介绍如下：

（1）首先运用单元回归计算 6 个月 LPR 利率相对于 3 个月期国债期货的敏感度 β：

$r_{p,t} = \alpha + \beta r_{f,t} + \epsilon_t$

在这里：

$r_{cp,t}$ = 从 $t-1$ 到 t 时段里 6 个月 LPR 利率的变化率

$r_{f,t}$ = 从 $t-1$ 到 t 时段里 3 个月期国债期货利率的变化率

ϵ_t = 残差（或随机误差）

（2）假设根据（1），β 估计为 0.87，则：

$$\text{出售 3 个月期国债期货的数量} = \beta \times \frac{\text{融资掉期资金}}{\text{期货规格}(1m)}$$

$$= (0.87) \times \frac{50m}{1m} = 44(\text{手})$$

注： 为方便计算，假设每手期货规格为 100 万元，融资掉期资金为 5000 万元。

因此，为对冲 6 个月 LPR 利率上升的风险，应该卖出 44 手 3 个月期国债期货合约，以对冲 6 个月 LPR 利率上升的风险。

另外，也要考虑两者之间基点价值的差异。

（3）两种利率变动，一个基点的价值差异，计算如下

A. 一个基点的变化导致的 6 个月 LPR 利率的借贷成本

$$= 1000000 \times 0.01\% \times \frac{180}{365} = 49.32$$

B. 一个基点的变化导致的 3 个月国债期货利率的借贷成本

$$= 1000000 \times 0.01\% \times \frac{90}{365} = 24.66$$

因此，同一个基点的变化，6 个月 LPR 的反应更为明显，其价值上升是 3 个月国债期货利率的 2 倍。因此，掉期经纪商需要出售 2 倍的 3 个月期国债期货合约来对冲 6 个月 LPR 利率上升的风险，即出售 88 手 3 个月期国债期货。

一旦计算出适当手数的国债期货合约后，若掉期是每 6 个月交割一次，并且以 3 个月期国债期货利率来对冲 6 个月 LPR 利率上升风险的情况下，本章第五部分滚动式套期保值方法仍然可行，只要把该例子内的每 3 个月一期改为每 6 个月一期，比如 3 月 15 日、9 月 15 日、3 月 15 日（次年）、9 月 15 日（次年）等，再经过调整敏感度和基点价值差异后，就是在滚动式套期保值下求算出应该要出售的国债期货的手数。

七、尾随对冲

在期货交易中，买方和卖方都必须在期货交易所存入保证金，以降低违约的可能性（提升买家或卖家的信用质量）。

（1）期货交易所实行每日结算制度。交易者在某个交易日的收益都将存入其账户，这是从交易对手的保证金账户转移过来的。如果交易者亏损的话；反之亦然。

（2）保证金账户会有一定利息收入，不过通常是比现行市场利率低或更低。

（3）无论现金如何流入和流出保证金账户，期货交易的最后结算的保证金余额始终是：期货卖出者为 $N(F_0 - F_T)$，买入者为 $N(F_T - F_0)$（其每日结算的内容，详见本书作者的书《金融风险管理》第三章表 3－7）。以下求出在尾随对冲下，所需要的最后期货手数（N）。

第一，N 份合约，在到期日 T：

卖出合约盈亏 $= N \times (F_0 - F_T)$（期货卖方）

（N = 期货手数，F_0 = 期初期货价格，F_T = 期末期货价格）

买入合约盈亏 $= N \times (F_T - F_0)$（期货买方）

第二，其期初折现值为：

$e^{-rT} \times N(F_0 - F_T)$ 或 $e^{-rT} \times N(F_T - F_0)$

注：此处，r = 保证金账户的利率。

因此，考虑保证金账户的利息，在期初所需要出售（或买入）的期货合约份数（N^*）是期末所需期货合约份数的贴现（见图 17－4）：

$$N^* = e^{-rT}N$$

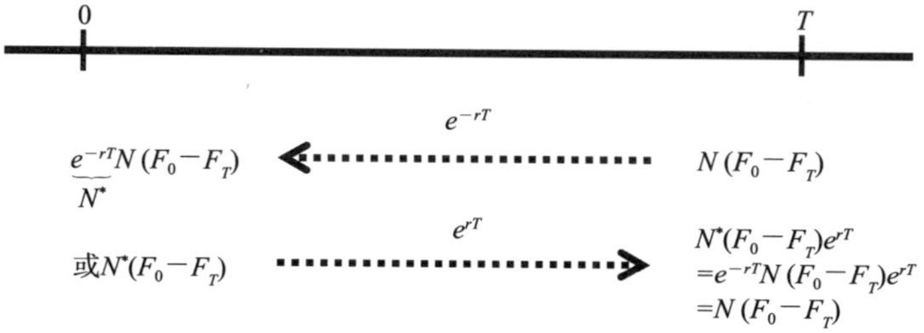

图 17－4　期货合约份数

<u>案例 17－5:</u>

掉期经纪商与某家企业签订一笔 LPR 掉期协议，经纪商在每 6 个月支付掉期利息 2000 万元给对手企业，并以 3 个月期国债期货作为替代期货来对冲 6 个月 LPR 利率上升的风险。保证金账户的利率是 5.4%。计算其尾随对冲（Tailing the Hedge）后的期货手数如下：

（1）在没计算保证金账户所赚取利息的情况下：

20 手 ×0.87×2＝35 手

注：$\beta=0.87$，续上例。

（2）算入保证金账户的利息之后：

$N^* = 35 \times e^{-(0.054)\times(0.5)} = 34$ 手（出售）

注：在本例中，若能够以 6 个月期 LPR 利率期货对冲，则应出售期货的手数是 20 手（不必有任何调整）。

前文我们以掉期经纪商在掉期交割日支付到期利息给对手为例。如果经纪商收取掉期利息，并投资于货币市场，此时的风险是市场利率下行导致利息收入的减少。对冲利率下行的风险是买入适当数目的利率期货，以锁定未来每个掉期交割日的投资利息收入，不会因为利率下行而导致利息投资收益率的下降，从而产生亏损。所以，前文介绍的条式套期保值、滚动式套期保值、交叉套期保值和尾随对冲等方法，可以应用于对冲利率下行的风险。其实，把前面案例内的出售期货改为买入期货，买回平仓改为卖出平仓就可以。

在本章中，我们已经详细介绍如何利用利率期货对冲利率风险。其中，对基差风险、条式套期保值策略、滚动式套期保值策略、交叉套期保值策略、尾随对冲等的对冲利率风险都有很详细的介绍，并用很多实务范例解释了对冲风险的过程和效果。

第十八章
国际利率与货币互换：降低国际融资成本的套利

由前几章的介绍，我们已知货币掉期可改变原来不理想的债务（比如利息成本太高或收益率太低的资产）状况，使其成为理想的债券（或资产）状况。它不但适用于已发行的债券，也可以与新发行的债券并用。本章将介绍四种常见的货币掉期方式。

若互换双方都采用相同货币与等额的名义本金（比如100万美元、1000万元人民币）且无本金互换，只有每期利率的互换，就会变成四种不同类型的利率互换。

一、利率互换：案例

案例18－1：

Q啤酒公司与HW公司各有两种不同筹集美元资金的途径（见表18－1）。

表 18－1　　两家公司筹集美元资金的途径

利率	Q 啤酒	HW 公司	利差
固定利率（半年支付利息一次）	T＋1.5%	T＋0.7%（原已有）	0.9%
6 个月期浮动利率	Libor＋0.3%（原已有）	Libor	0.3%

Q 啤酒公司原已有 5 年到期的浮动利率债券（Libor＋0.3%），若要转换成同样到期日的固定利率债券，可获得的利率为 T＋1.5%（T 代表美国政府债券利率）。HW 公司原已有 5 年到期固定利率债券（T＋0.7%），但若要转换成同样到期日的浮动利率债券，可获得的利率为 Libor，双方的情况正好可互补相互的需要，故可透过利率互换（掉期）达到目的。HW 公司同意每半年支付 Q 啤酒公司 Libor 的利息，而 Q 啤酒公司也支付 HW 公司 T＋1.0% 的利息。经掉期后，双方的净资金成本计算见表 18－2。

表 18－2　　净资金成本

项目	Q 啤酒公司	HW 公司
原来债务	支付：Libor＋0.30%（＋）	支付：T＋0.7%（＋）
掉期	支付：T＋1.0%（＋） 收取：Libor（－）	支付：Libor（＋） 收取：T＋1.0%（－）
净资金成本	T＋1.30%	Libor－0.30%

双方经国际掉期后，Q 啤酒公司的净资金成本为 T＋1.30%，比独自在固定利率市场融资的利率（T＋1.50%）降低了 0.20%，而 HW 公司的净资金成本为 Libor－0.30%，比独自在浮动利率市场融资的利率（Libor）降低了 0.30%。因此，经掉期后，双方各自取得了满意的债务与较低的资金成本。本案例的掉期可以图 18－1 表示。

掉期的净值可以用会计的借贷原则表示，见表 18 - 3。

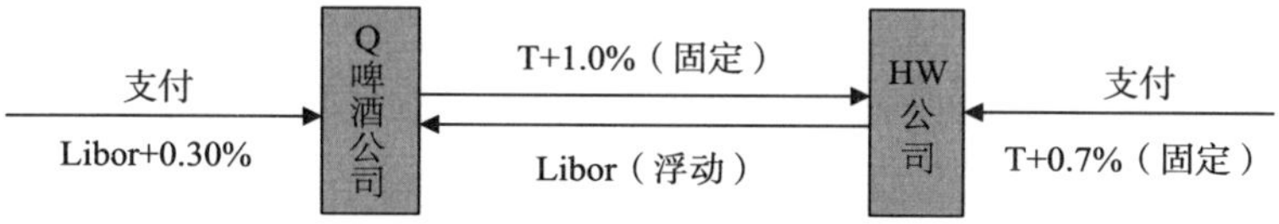

图 18 - 1　国际利率互换过程

表 18 - 3　Q 啤酒公司掉期净值

资产	负债
收取 5 年到期、浮动利率债券利息 Libor，每半年收取利息一次，相当于 5 年到期浮动利率债券	支付 5 年到期的固定利率 T + 1.0%，每半年付息一次，相当于 5 年到期的固定利率债券

HW 公司的掉期净值也可用类似方式表示。在掉期期初，掉期的净值（或市场价值）等于零。也就是，若以 Q 啤酒公司为例，代表资产的（相等于）5 年到期的浮动利率债券价值等于代表负债的 5 年到期的固定利率债券价值。但掉期后，若市场（固定或浮动）利率有所变动，掉期的借贷双方（即资产或负债）价值会有不同程度的变动，因此，掉期净值会有所增减。若市场利率上升，资产方面（5 年到期的浮动利率债券）的价值上升，但负债方面（5 年到期的固定利率债券）的价值下降。掉期的净值取决于借贷双方净值的增减，但在浮动利率的重新调整期，浮动利率债券（即借方）回归至面额（100 基点计算），而固定利率债券（即贷方）的价值得视当时的市场利率①。

因掉期的特征是对称的，故 HW 公司的掉期借贷净值正好与 Q 啤酒公司的掉期借贷净值相反②。

---

①　掉期（或货币掉期）对利率变动的敏感度（久期）可由每期净资金支付（或收取）计算可知。读者可参阅第三种掉期内的论述或本书有关久期的介绍。

②　掉期的净值也可以货币掉期未来所产生的净现金流量现值决定。

二、基点掉期：案例

基点掉期（Basis Swap）涉及掉期双方以浮动利率债务互换另一种浮动利率债务。浮动利率的指标利率（Reference Rates）有几种，最常用的指标利率是 Libor，其次是美国政府债券利率（T – bill Rates），其他还有美国基本放款利率（Prime Rate）、离岸商业本票利率指数（由伦敦银行编制），以及美国央行所编制的美国商业本票利率指数。最常见的基点掉期是以 6 个月 Libor 利率相互互换，但也有以 6 个月 Libor 互换 3 个月期或 1 个月期的 Libor。读者也可以参阅作者的书《固定收益证券与衍生品》，机械工业出版社出版。

案例 18 – 2：

HF 银行在伦敦的分行应中国 S 公司的要求，以美国基本贷款利率加 1.4%（即 P + 1.4%）贷放美元资金给中国 S 公司。HF 银行的离岸美元资金来自离岸美元存款市场（以浮动利率 Libor 为主）。因此，对中国 S 公司的美元贷放产生了基点风险，这是因为 Libor 利率是每日变动，而美国基本贷款利率不是每日变动，而是间断性的跳空变动（正如美国央行的折现率）。因此，HF 银行为了消除基点风险，必须寻找掉期市场做市商，诸如 J. P. 摩根，要求进行互换取得浮动利率，此项基点互换的内容可如图 18 – 2 所示。

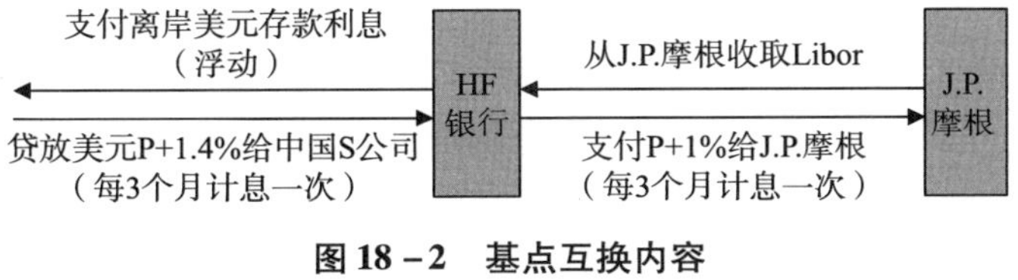

图 18 – 2　基点互换内容

经此项基点掉期后，HF银行的净贷款利率计算见表18－4。

表18－4　净贷款利率

原来贷放美元	P＋1.4%（＋）
基点掉期	收取：Libor（＋） 支付：P＋1%（－）
净贷款利率	Libor＋0.4%

由上面的计算可知，经基点掉期后，HF银行的贷款由美国基本贷款利率转换成浮动利率（Libor＋0.40%），符合了该银行以浮动利率吸收离岸美元存款的结构。因此，基点掉期消除了该银行因接受客户要求所发生的基点风险，此外，若HF银行吸收美元存款的浮动利率是Libor－0.20%，则基点掉期的结果将使该银行对中国S公司的贷款利润为0.60%（即0.40%＋0.20%）①。

三、货币掉期之下固定利率互换浮动利率

货币互换的一方一般是信誉良好的公司，另一方经常是商业银行。货币掉期不但涉及双方互换不同的货币，也涉及不同利率的互换，因此，货币掉期的公司对另一方的信用等级很重视，公司寻求商业银行作为货币掉期的伙伴可降低信用风险（或称为对手风险）。在货币掉期中，公司一方可以固定利率或以浮动利率与银行互换不同的固定利率或浮动利率。一般常见的货币掉期是以固定利率互换浮动利率，或以浮动利率互换固定利

① 就实证而言，美国商业贷款利率比Libor经常高出1%～2%。基本贷款利率也是浮动利率，但其变动呈现间断性的跳空变动。转换净值的借方是与浮动利率（Libor）相等的债券，而贷方是相当于另一浮动利率的债券。

率。下面以案例 18 －3 介绍以固定利率互换浮动利率的货币互换。

案例 18 －3：

美国通用汽车公司（GM）因计划在英国扩充厂房设备需要 1000 万英镑的资金。这些英镑债务可由在英国的汽车销售收入支付利息与本金。通用汽车在美国信誉很好，它可以 Libor +0.10% 的浮动利率融资美元资金。虽然如此，通用汽车公司希望能以较低的固定利率筹集英镑资金。因此，通用汽车寻求货币掉期市场做市商（银行），并与银行互换它在美元市场所筹借的美元资金（相对优势），换取固定利率的英镑资金。通用汽车公司终于找到了英国巴克莱银行（Barclays Bank）愿意给予优厚的互换条件，如图 18 －3 所示。

图 18 －3　货币互换过程

经货币掉期后，通用公司的债务情况为：

（1）以等值 1000 万英镑的美元资金与巴克莱银行互换取得英镑资金 1000 万（到期日为 3 年）；

（2）货币掉期后的利率为固定利率。

筹借美元：支付 Libor +0. 10%

掉期：支付固定利率 6%（以 1000 万英镑为本金）

收取 Libor +0. 15%

净资金成本：5. 95%（固定利率）

因此，通用公司取得了所要的固定利率英镑资金与较低的固定利率 5. 95%（巴克莱银行经货币掉期后的债务情况也可依此方式计算）。

通用公司的货币掉期价值可用会计的借贷原则（见表 18－5）。

表 18－5　　　　通用汽车公司的货币掉期净值

资产	负债
1. 收取浮动利率、6 个月期 Libor + 0.15%。到期日 3 年	1. 支付英镑固定利率 6%，为期 3 年
2. 筹借等值 1000 万英镑的美元资金	2. 换取 1000 万英镑本金，为期 3 年
结果：相当于 3 年到期、浮动利率美元债务	结果：相当于 3 年到期、固定利率英镑债务

在货币掉期期初，通用公司的货币掉期净值等于零。但日后因利率与美元/英镑汇率的变动，货币掉期净值会有增减；其净值等于资产方面的增减减去负债方面的增减。比如说，若在期初美元/英镑汇率为 \$2/£，但 1 年后，该汇率变成 \$1.8/£（即英镑贬值 10%），且英镑固定利率上升至 7%，但浮动利率因刚在利率重新调整期，故其价值等于面值。英镑固定利率变动对英镑债务价值的影响，计算如下：

$$PV = \sum_{t=1}^{2} \frac{10000000 \times 0.06}{1 + 0.07} + \frac{10000000}{(1.07)^2}$$

（假设固定利率每年计息一次）

$$= 600000 \times 1.80802 + 10000000 \times 0.87344 = 9819200 \text{（英镑）}$$

因英镑利率由 6% 上升至 7%，致使英镑债务价值下降至 9819200 英镑。若以美元计算，该英镑债务的美元价值为：

$9819000 \times 1.8 = 17674560$（美元）

因此，通用公司的货币掉期净值增加了 2325440 美元（即 $10000000 \times 2 - 17674560$）。

观察表 18－5 可知，在固定利率对浮动利率的货币掉期下，影响货币掉期净值的因素有市场固定利率、市场浮动利率与汇率三种因素，任一种情况的变动都会造成货币掉期净值的增减。

四、货币掉期之下固定利率互换固定利率

在货币（或利率）互换时，银行设有互换率的报价表，报价表内所标示的利率是以固定利率互换6个月期浮动利率、银行所收取的利率与支付的利率。我们首先列出德意志银行（Deutsche Bank）互换率报价表（见表18－6）。

表18－6　　　　德意志银行互换率报价表

年	美元利率互换	货币互换		
	基准美元国债短期利率	利差（BP）	欧元/美元（年）	日元/美元（年）
2	7.50	56～60	6.50～6.65	5.10～5.25
3	7.52	64～68	6.50～6.65	5.10～5.25
4	7.52	66～70	*6.52～6.67	5.10～5.25
5	7.54	72～77	6.52～6.67	5.10～5.25
6	7.55	77～82	6.53～6.68	5.20～5.35
8	7.58	80～86	6.55～6.70	5.30～5.45
10	7.62	82～90	6.56～6.81	5.40～5.55

货币互换		
年	英镑/美元（年）	瑞士法郎/美元（年）
2	10.00～10.15	6.35～6.50
3	9.90～10.05	6.35～6.50
4	9.70～9.85**	6.35～6.50
5	9.50～9.65	6.40～6.55
6	9.30～9.45	6.40～6.55
8	9.10～9.25	6.50～6.65
10	8.88～9.03	6.55～6.70

注： 1. BP代表外加于U.S. T－bill收益率之上的基点（Basis Points）。

2. 利息以每年计算一次。

3. 表中6.52～6.67代表以固定利率互换6个月期浮动利率（美元）时，德意志银行所愿意支付的利率是6.52%（较低），而愿意收取的利率为6.67%（较高）。其余可进行类似的解释。

为说明如何利用表 18－6 内所标示的互换率来决定货币掉期时所需支付与收取的固定利率，我们举例如下。

案例 18－4：

德国 BSAF 公司现有 5 年到期、固定利率欧元债券。BSAF 欲将欧元债务转换成固定利率英镑债务，以配合该公司的英镑销货收入。BSAF 寻求德意志银行将该公司的欧元债务转换成英镑债务。德意志银行按照表 18－6 决定货币掉期率。

BSAF：1. 从德意志银行收取 6.52% 的利率（即该银行的买价利率见表 18－6 中 * 号标记），以欧元债务计算。

2. 支付德意志银行 9.85% 的利率，以英镑债务额度计算（见表 18－6 中 ** 号标记）。该英镑债务等值于欧元债务。

如此，BSAF 经过货币掉期取得了 5 年到期、固定利率的英镑债务，利率为 9.85%。在上面的货币掉期中，货币掉期利率可由两个阶段的货币掉期决定。首先，由欧元债务转换成 6 个月期美元浮动利率，再由 6 个月期美元浮动利率转换成英镑债务。详述如下：

第一个货币掉期：BASF 从德意志银行收取 6.52% 的利率（5 年到期欧元债务），并支付德意志银行 6 个月期美元浮动利率（比如说 X%）。

第二个货币掉期：BSAF 从德意志银行收 6 个月期美元浮动利率（X%），并支付德意志银行 5 年期英镑债务利率 9.85%。

第一个与第二个货币掉期合并即为 BSAF 的货币掉期利率，与前所述相同。

注：1. 在货币掉期时，银行并不一定完全按照它们本身所制定的货币掉期利率报价表执行，有时会调整。

2. 本案例可应用于中国的公司与银行。比如说，将 BSAF 改成上海石化，德意志银行改成交通银行，并加上人民币/美元的货币掉期利率，即可将人民币固定利率债务转换成美元固定利率债务，或任一种外币固定利率债务。

资产互换

在本部分中，虽然我们只介绍了债务互换，但同样的货币掉期原理也适用于（投资）资产互换，把原来的资产转换成另一种理想的资产，并获取较高的资产投资收益率。

五、互换利率与公司债券利率的关系

在案例 18 –4 中，我们并未谈及互换利率（见表 18 –6）是如何决定的。一般公司以中、长期固定利率债券融资，而后因经营方面的需要或策略的改变，某些固定利率债券必须转换成浮动利率债券，或者某种外币固定利率必须转换成另一种外币固定利率，而所转换的新利率（获取的固定利率或支付的固定利率），应与公司相对的公司债券利率相当（很接近），否则就会产生套利机会。在有效率的债券市场内，少有这种套利机会。若有，也会因套利活动而很快消失。因此，利率掉期的利率应与债券市场内对等公司债券的利率相当接近。

就银行而言（货币掉期的另一方），银行所要收取的货币掉期利率应不会低于银行里吸取中、长期资金的利率。同时，银行所愿意支付的货币掉期利率都以中、长期资金市场（或债券市场）的利率作为计算标准。另外，寻求货币掉期（掉期）的公司都是信誉佳的公司（AA 或 AAA 信用等级），因此，货币掉期利率的确定应以相对高信用等级公司债券的利率作为计算标准，且两者应相当接近。换言之，货币掉期利率可作为高信用等级（AA 与 AAA）公司债券利率的良好指标。

六、货币掉期与掉期市场的相关事项

在本部分中，我们介绍一些与换汇（货币互换）、换率（利率互换）市场相关的事项。

（一）互换市场的参与者

货币掉期（掉期）的一方经常是公司客户，尤其是信誉佳的公司，公司可利用互换双方在国际金融市场的相对利益进行货币掉期与掉期，以换取理想的外币债务与较低的融资成本。有些大公司设有专职部门或另设一财务金融分公司，专门掌管债务与资产的互换，以符合公司资产/负债结构，并换取较低的融资成本或较高的资产投资收益（如索尼、英特尔、通用电气等）。

除了公司，货币掉期（掉期）的另一方是银行、投资银行、大型保险公司（美国国际集团、纽约人寿保险、保诚保险等）与其他金融机构，如世界银行、欧洲投资银行等。商业银行间的货币掉期（掉期）交易活动更是频繁。

商业银行间货币掉期（掉期）交易活动频繁的原因主要有以下几个。

1. 为满足客户的要求，银行不得不接受一些不理想的贷款或存款项目。通过货币掉期（掉期）的调整，可将其转换成理想的贷款或存款项目。

2. 有时，有些资产与负债项目会有不配合的情况，如货币种类（美元、日元、欧元）或利率种类（固定对浮动），银行可利用货币掉期（换汇）调整配合。

3. 利用国际金融市场利率的失衡，运用货币掉期和利率掉期套利。

4. 利用国际金融市场的不完全因素，运用货币掉期和利率掉期套利。

此外，投资银行、大型保险公司与其他金融机构也经常为了各自的债务结构与融资成本进行货币掉期和利率掉期交易。这些交易者的互换交易金额占整体互换市场的大部分。

国际信息服务公司，如路透社与 Telerate 的计算机屏幕上都列有大型市场交易的做市商与互换经纪商货币掉期的报价。如 J. P. 摩根银行、Tullete & Tokyo 等。互换交易者可通过计算机屏幕知道当时市场互换利率的报价，但这并不表示实际货币掉期（掉期）的利率正是屏幕上标示的利率。屏幕上的互换利率一般都以某种交易金额、某种到期日或其他标准条件为基础而确定的。所以，交易者应打电话询问市场交易做市商或互换经纪商，以了解实际能得到的互换利率报价。

（二）互换合约的中止

当互换的一方因某些原因必须在到期前中止互换合约时，有三种途径可实行。

1. 重新进行另一个对等的新互换合约，此新合约的部位与原来的互换合约相反。

2. 寻找愿意承担原来合约的第三方，由第三方承担其余合约的责任。第三方一般是另一家银行。当然必须支付第三方一些代价（佣金或手续费）。

3. 与原来签订合约的银行洽商中止合约，并赔偿银行可能的亏损。

（三）远期合约与掉期的关系

在货币掉期的期初，双方以即期汇率作为标准互换不同货币的本金，之后，每一期支付或收取双方的互换利率，而在互换合约终止时，双方再以合约上的汇率互换回本金。就互换的任一方而言，每期资金的互换［本金或利息净额（即利息收取、利息支付）］可视为一个远期合约，因此，货币掉期合约可视为一系列的远期合约，也就是说，货币掉期可由一系列的远期合约复制。

掉期包括一系列的利息互换，每一期的利息互换可视为单一的远期利率协议（Forward Rate Agreement），也就是说，掉期可视为一系列的远期利率协议。在这个协议中，每期的利息支付或收取是以预先决定的固定利率与市场利率（浮动利率）的差额作为标准的，因此就利率互换的功能而言，掉期可以说是一系列的远期利率协议（详见第十五章第六部分）。

（四）互换的信用风险与市场风险

货币掉期和利率掉期的双方在合约有效期内都面临市场风险与信用风险。市场风险来自国际金融市场利率与汇率的变动。在掉期的情况下，每当固定利率或浮动利率有显著变动时，一定会使掉期的一方受损，而他方得利。若亏损严重时，亏损的一方可能背信，不履行掉期的义务。除了利率风险，货币掉期也面临汇率变动的风险，汇率变动会造成一方得利，而他方亏损。由利率与汇率变动所造成货币掉期净值的增减（即盈亏），可采用前述会计借贷双方的增减来衡量双方的盈亏，若对方的亏损增大时，可能会发生信用违约的情况，尤其是亏损的一方是公司的情况。

除了市场风险，互换双方也面临信用风险。互换的一方经常是大商业银行，信用佳，信用风险低，但并不是完全无信用风险；互换的另一方大部分是公司（或除银行以外的金融机构），银行（互换的另一方）为了防范信用风险，必然选择信用佳的公司作为互换伙伴，信用低或不佳的公司很难被允许进行货币掉期交易，除非这些公司能提供抵押品作为担保。

信用佳的公司有时会因为市场利率或汇率的大幅变动、本身营运不佳与经济衰退而出现公司信用降低的情况。因此，在互换合约中，银行经常附加取消合约的权利（Right - Offset Clause），允许银行在对方信用恶化时取消合约。

由上面的论述可知，影响互换风险的因素是：

1. 利率与汇率变动的风险；

2. 互换双方的信用风险；

3. 前两者的交互影响。

（五）抵押互换

我们已知道互换的信用风险会因为利率与汇率的大幅改变而增加。银行只允许与信用佳的大公司进行货币掉期（掉期）交易。对于信用低的公司，银行一定要求其提供抵押品作为担保。当公司客户因为背信造成银行亏损时，可以抵押品抵缴补偿。提供抵押品作为担保使小公司与信用低的公司也能参与货币掉期交易。

（六）互换交易的净收付

当一个大公司客户与同一家银行有数个货币掉期（掉期）项目时，双方收取或支付的资金，若以个别货币掉期项目计算是很烦琐的，因此，都是以同一时期数个货币掉期项目收付的净额计算，由净支付的一方付给净收入的另一方。如此一来，可节省许多收付的相同费用。

（七）互换合约的协议

互换（合约）市场并无政府出台的法规规范。国际互换与衍生产品协会（International Swaps and Derivatives Association，ISDA）制定了法规规范互换交易的总协议书（Master Agreement）。总协议书已被不少国家采用，作为互换合约的法律依据。总协议书规定了七种构成违约的条件，如不履行支付利息、违反合约规定、信用支持资料的不准确和不真实、误导合约条款、背信其他互换项目、背信其他债务与倒闭。互换一方出现上述任一指标时，他方就可认为其违约，并中止互换合约。总协议书也规定了中止合约时盈亏的清算标准。

七、互换期权

货币掉期（掉期）也可附有不同的期权，因附有期权性质的不同，货币掉期（掉期）可分为下列几种。

（一）回购互换（Callable Swap）

此种互换合约允许发行者（公司或银行）在互换合约到期前中止（即赎回）契约，而不受惩罚。为取得此项权利，发行者在合约协议时必须支付对方一些资金。到期前中止合约的原因是，发行者认为已不必利用互换合约对冲或已不需要合约上的外币资金。发行者是互换合约的要求者，而对方是互换合约的接受者。

（二）回售互换（Puttable Swap）

回售互换刚好与回购互换相反，回售互换的购买者（公司或银行）可在互换合约到期前中止合约（即回售给发行者），而不受惩罚。拥有回售权利的一方（购买者）必须支付对方权利金，以取得此项回售权利。到期前回售合约的原因是，购买者（或合约的接受者）认为此项合约已不适合本身的资产、负债结构或已不必利用此项互换对冲。

（三）远期互换（Forward Swap）

远期互换合约的双方同意，在未来某一起始日，双方以某种预先约定的条件，诸如日期、利率、外币种类等进行互换。

（四）可延长互换（Extendable Swap）

可延长互换允许互换双方在原互换合约到期时，可再延长合约至另一个时期。

（五）利差互换（Differential Swap）

利差互换的一方支付（或收取）两种不同利率的差额，再加上或减掉某一利差（即加码）。利差之一是某种外币的浮动利率，另一个是他种外币的浮动利率。采用利差互换的动机是利用两国间利率结构的不同而进行可能的套利。比如，华南货币共同基金投资200万美元Libor短期票据，华南基金经理人认为在短期内日元Libor（浮动）利率很可能比美元Libor要高，所以通过HF银行以差额互换的方式互换日元Libor，再加上20个基点（率差）。这20个基点反映的是美元与日元利率的利差。因此，华南货币共同基金可从HF银行收取此两种利率的利差（即收取日元利差，并支付美元利率）。

（六）扳机互换（Trigger Swap）

扳机互换的双方同意当某种市场利率（美元Libor、欧元Libor、美国商业贷款率等）上升或下降至某一水平时，原来预先协议的互换合约立即生效，一直到到期日才中止。

（七）鸡尾酒互换（Cocktail Swaps）

鸡尾酒互换涉及数个公司与银行间的数种货币与利率互换，银行充当中介的角色，将数个公司的需要与银行本身的需要进行多种外币与利率的互换。只要没有违约或提前终止合约的发生，银行与参与互换的各公司都能得到所需的外币资金与较低的资金成本。

（八）其他种类的互换合约

其他种类的互换合约还有黄金互换、商品互换、债务与股权互换等，所代表的意义与货币掉期（掉期）相似。唯一不同的是，互换的对象不是利率或外币，而是黄金、商品、债务或股权。

货币掉期和利率掉期已成为今日国际金融市场很重要的一环，它们为公司、银行、保险公司与其他金融机构提供了利用其在资金市场的相对优势来进行融资（或投资）机会和优势，相互互换外币与利率后，各自获得了理想的外币资金与较低的融资成本。所以，本章对货币掉期的各种类型及程序逐一进行了详细介绍。此外，本章也介绍了货币掉期与掉期市场的相关事项，及具有期权特征的货币掉期与利率掉期。

第十九章
总收益掉期：信用与市场风险对冲工具

一、总收益掉期的概念

总收益掉期（Total Return Swap，TRS）是契约当事人一方（支付人，Payer），支付交易对手（收受人，Receiver）标的资产的全部收益或收益（包括价格变动、股息及利息收入），换取交易对手按照约定支付固定或浮动利率计算的收益，或另一种标的资产的总收益率。

总收益掉期的支付人为该标的资产的法定持有人，而投资者（收受人）则负担该标的资产的价格风险及倒账风险。一般来说，若标的资产于契约到期前发生违约或倒账，此契约立即终止，投资者将承担倒闭损失。

通常投资者参与总收益掉期的最大目的就是要获得杠杆效果。投资者期初无本金支付，交割通常是以净额支付，也就是以资产的总收益率减去利息（LPR + Spread）的方式支付。若此为正数，则投资者将可在期初无现金流的情况下获得净现金流入。就总收益掉期支付人而言，其目的是给对标的资产的价格风险开辟一个避险途径。

总收益掉期不仅转移信用风险，更转移市场风险。总收益互换的期间通常为一至三年。

二、总收益掉期的框架和交割方式

（一）没有信用违约的情况下的总收益掉期的框架和交割方式（见图 19 –1）

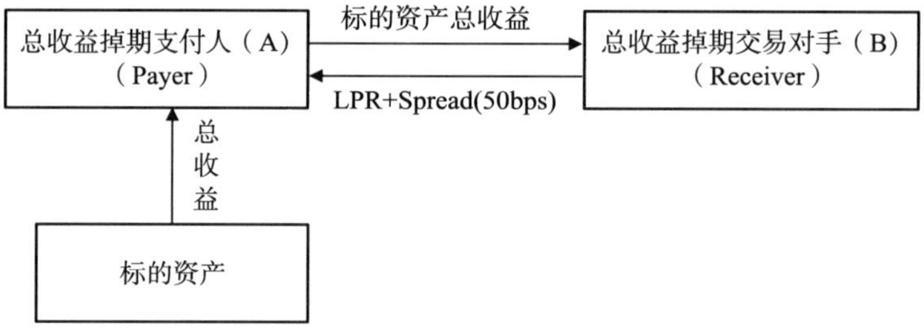

图 19 –1　总收益掉期的框架和交割方式

解释：

1. 假设掉期是每季度一次，名义本金为 100 万元人民币（作为计算支付的标准）。

2. 在第一季度末，若标的资产的总收益为 3%，LPR 为 6%，则：

（1）总收益支付人 A 支付 3 万元（ = 100 万 × 0. 03）给掉期对手 B；

（2）掉期对手 B 支付 1. 65 万元 $\left[= \frac{1}{4} \times 100\text{ 万} \times (6\% + 0.50\%)\right]$ 给总收益支付人 A。

每季度掉期都以净额支付，所以总收益支付人 A 支付净额：

1.35 万元（=3-1.65）给掉期对手 B。

3. 在第二季度末，因为标的资产的价格下跌，导致总收益率为-2%。LPR 为 5.5%，则：

（1）因总收益为-2%，按照总收益掉期的约定，掉期对手 B 反而必须支付给总收益支付人 A 利率 2%，也就是 2 万元（=100 万元×0.02）给对手 A。

（2）掉期对手 B 也必须支付 1.5 万元 $\left[=\frac{1}{4}\times 100\text{ 万元}\times(5.5\%+0.50\%)\right]$ 给总收益支付人 A。

（3）根据第（1）和第（2）项的支付，掉期对手 B 必须支付 3.5 万元（=2+1.5）给支付人 A。

若在掉期有效期限内，总收益支付人 A 的标的资产没有发生信用违约，剩余期数的交割也要按照以上方式交割结算。

（二）在有效期限内有信用违约发生下的总收益掉期的框架和交割方式

若在掉期有效期限内，总收益支付人 A 的标的资产发生信用违约事件，总收益掉期立即终止，并进行清算交割，一般有两种方法：

1. 现金交割

掉期对手 B 赔偿总收益支付人 A 标的资产的信用违约损失，赔偿金额等于期初标的资产的面额（或期初价值）减掉信用违约后标的资产的价值。

2. 实物交割

总收益支付人 A 将信用违约的标的资产递交给交易对手 B，同时从掉期对手 B 收取等于标的资产期初的面值的金额（或期初价值）。

至于采用哪一种方式交割，在期初掉期契约设定时可由掉期双方协议规定。

在有效期限内发生信用违约的情况下，实物交割方式可以图 19-2 表示如下：

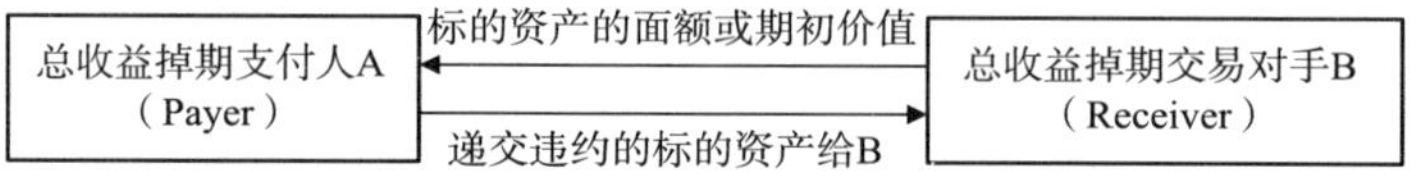

图 19－2 有效期限内有信用违约的实物交割方式

下面我们介绍总收益掉期的各种实务应用。

三、构建多仓或空仓的合成部位

首先考虑下面的总收益掉期。

1. 若无信用违约事件发生，则参考图 19－3。

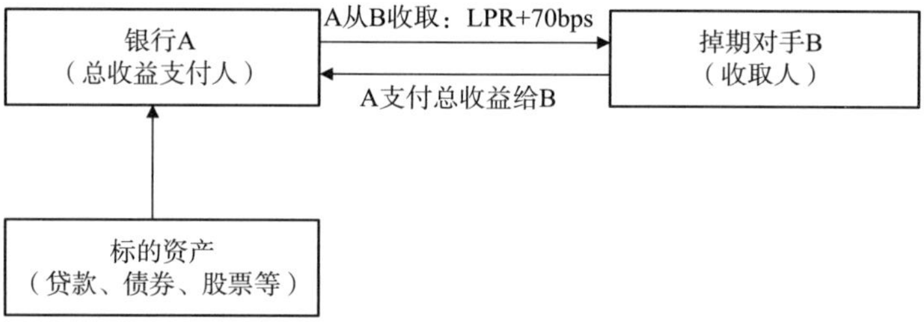

图 19－3 无信用事件发生的总收益掉期

注：掉期双方可能是银行、共同基金、对冲基金、资产管理公司等。

2. 若在期限内标的资产发生信用事件，则参考图 19－4。

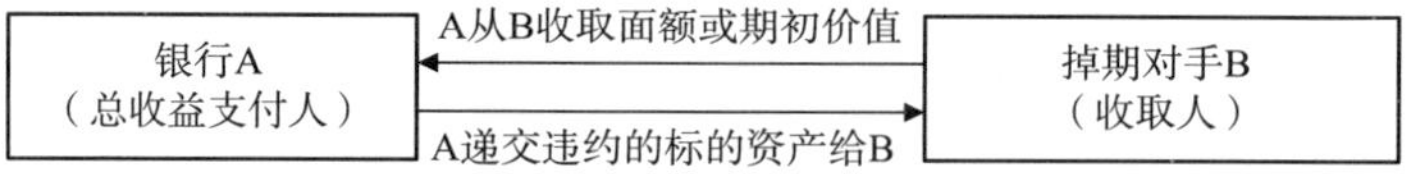

图 19－4 期限内标的资产发生信用事件

3. 总收益掉期隐含的几项金融创新

⊙对银行（总收益支付人 A）而言：

（1）因为银行必须按期支付总收益给掉期对手 B（收取人），无形中这相当于银行构建了一个标的资产的合成空仓部位（相当于每期必须支付空仓部位的现金流量给出借证券者）。

（2）若有信用违约事件发生，标的资产受到价格下跌的损失，银行可以从掉期对手得到补偿。这相当于银行构建了一个合成的看跌期权，其标的物为掉期的标的资产（或银行的标的资产）。

（3）若银行没有实质拥有标的资产而进行总收益掉期的交易，总收益的计算可根据挂钩的次级房贷组合、股债基金、高收益债券基金、可转换公司债或其组合作为标的来计算，则银行相当于构建了一个暴露于合成空仓的部位（Naked Short Position）的风险，且仓位的杠杆高，总收益也高（因为零成本创建仓位）。所以，在这种情况下，银行的目的不是对冲信用违约风险（因为没有标的资产），而是利用杠杆提升总收益率。

⊙对掉期对手 B（收取总收益的对手）而言：

（1）透过总收益掉期，掉期对手 B 构建了一个合成的标的资产组合。虽然自己并未持有它，但每期都可以取标的资产的总收益。

（2）若标的资产发生信用违约事件，则掉期对手 B 要赔偿银行的信用违约损失。这相当于掉期对手 B 出售一个合成的看跌期权给银行，其标的为掉期的标的资产。

四、运用总收益掉期套利

假设甲、乙银行同意签订一个总收益掉期，其框架如图 19－5 所示。

解释：

1. 甲银行的资金成本为 LPR，购买标的资产的收益率为 LPR＋80bps，但必须承担标的资产的信用违约风险和市场价格风险，所以，甲银行与乙银行签订总收益掉期契约，将信用和市场风险转嫁给乙银行。

2. 若没有总收益掉期，甲银行能够获取净收益率 80bps［即（$S+80$）$-S$］，

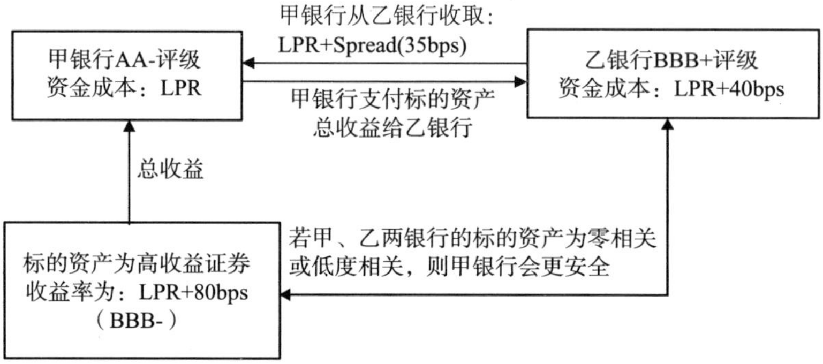

图 19－5　运用总收益掉期套利

$S=\mathrm{LPR}$。所以，甲银行可以接受掉期利差 X 小于或等于 80bps，但大于零（即 $0<X<80$）。但就乙银行而言，若自己直接买入标的资产，净收益率为 40bps［即（$S+80$）－（$S+40$）］。所以，透过掉期，乙银行希望至少可以获得 40bps，也就是信用利差应大于 40bps，这样对乙银行才有吸引力。对甲乙两银行而言，双方可以接受的掉期利差应介于 40bps 和 80bps 之间，即 $40<X<80$。

3. 双方可以同意的掉期利差 X

首先计算乙银行的掉期净收益和其标的资产的收益（r）：

$$\text{净收益}=\text{总收益(TR)}-(\mathrm{LPR}+X)$$
$$=[(\mathrm{LPR}+80)-(\mathrm{LPR}+X)]+\text{乙银行标的资产收益率}(r)$$
$$=(80-X)+r$$

其中，r 代表乙银行在信用及市场风险影响下的资产收益率；而 X 代表乙银行在掉期交易中支付的掉期利差。

所以，在总收益掉期下，乙银行从掉期本身获得的净收益（$80-X$）bps 要足够大，这样才能够吸引乙银行同意与甲银行签订总收益掉期。

若设定 $X=35$，则乙银行的净收益为：

$$(80-35)+r=45+r$$

由以上分析，乙银行至少可获得额外45bps（除了其标的资产收益率 r 之外）。换言之，当乙银行支付的掉期利差 X 为35bps时，乙银行从掉期交易可获得额外的45bps（即80－35），这45bps是给乙银行承担信用和市场利率风险的溢酬（或回报），乙银行应该可以满足。

至于甲银行，可以从乙银行收取LPR＋35bps，并将标的资产的信用和市场风险转嫁给乙银行。这是个相当不错的收益。

注：当乙银行与甲银行的标的资产为零相关或者低度相关时，运用总收益掉期，甲银行更安全，其信用质量更好。

五、国内外资产特征的互换

透过总收益掉期，金融机构（银行、基金、保险公司或对冲基金）可以将国内资产的特征改变为国外资产的特征，并取得外币收益，以达到投资组合全球风险分散的好处。

案例19－1：

假设美国黑石对冲基金希望取得未来3年中国债券市场的收益，以达到全球分散风险的目标。于是与国内HT债券基金进行总收益掉期，其框架如图19－6所示。

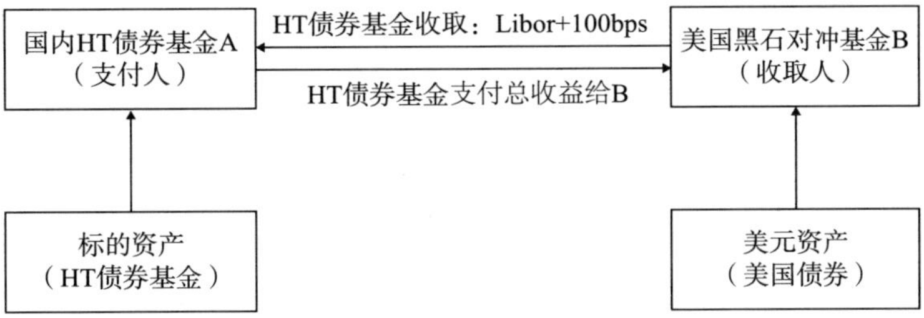

图19－6　国内外资产特征的互换

解释：

1. 国内 HT 基金公司按期支付其债券基金的每期总收益给国外黑石对冲基金，并收取美元浮动率 Libor + 100bps。

2. 因为总收益掉期，国内 HT 基金公司有效取得合成的美元资产，收取美元利息。所以将国内基金的特征改为美元资产的特征，并将国内债券的信用和市场风险转嫁给了国外黑石对冲基金（HT 基金公司原来的基金资产不变）。

3. 美国黑石对冲基金也改变了其资产特征，由美元资产特征变为中国债券资产特征，收取人民币总收益（黑石的资产不变，只是收益特征改变）。

4. 双方资产并没有互换，只是改变资产的特征和收益的形态（不同币别的收益）。掉期的成本很低，可透过国际掉期经纪商寻找合适的掉期配对，佣金也很低。

六、转换国内投资组合的特征

类似上面案例，透过总收益掉期，掉期双方可以转换股权或债券的特征，以达到投资组合的风险分散，或取得不同资产的收益。这种总收益掉期的框架如图 19－7 所示。

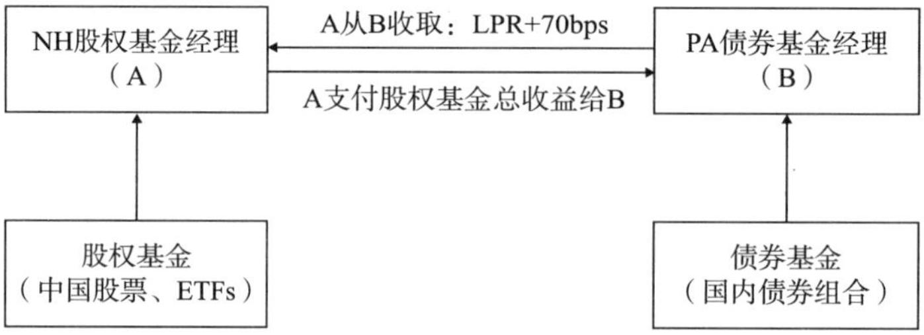

图 19－7 转换国内投资组合的特征

解释：

1. NH 股权基金经理每期支付对手（PA 债券基金经理）股权基金的总收益给互换对手（平安基金），并从对手收取 LPR + 70bps 的利息。如此，NH 股权基金经理已改变股权的特征为债券的特征，收入也由股权总收益改变为债券收益。

2. PA 债券基金经理也改变其债券特征为股权特征，其收入也由债券收益变为股权收益。

3. 在掉期下，双方的资产不互换，只有收益互换，所以掉期产生的成本很低，可以透过国内掉期经纪商寻找合适的掉期配对，佣金很低。

本章我们已对总收益掉期的定义及框架进行了详细解释，并对总收益掉期的多种应用也进行了详细的介绍，比如，构建合成仓位、套利、国内外资产特征的互换和国内股权与债券特征的互换。总收益掉期的应用很广，也很简单，还可以提高投资组合（或基金）管理的效率。

第二十章
运用信用违约掉期对冲信用风险：实务案例

市场参与者和金融机构（包括银行、证券公司、保险公司、基金公司、信托公司、对冲基金等）除了面临市场风险外，还面临信用风险。市场风险包括股票、债券、利率、汇率、商品等的价格波动风险。这些传统的市场风险已被金融市场的各类参与者认为，其不确定波动会造成盈余的波动，且是盈余的一大风险。但经历过 1997 年的东南亚金融风险、1998 年俄罗斯的卢布大贬值和其债券市场的崩盘，以及 2007—2008 年的美国次级房贷风暴之后，市场参与者学习到市场风险不是唯一的主要风险，而信用风险的影响层面和范围会扩大到各种不同的行业，不仅是各类金融机构，公司企业、非金融机构、退休基金、投资者等都会暴露于信用风险中，而且信用风险带来的伤害（或亏损）经常远胜于市场风险带来的灾难。2007—2008 年的次贷风暴（信用风险）更冲击到实体经济，造成全球性经济大衰退，为期三四年。所以，信用风险管理成为一项非常重要且绝对不能忽略的风险，必须谨慎加以管控。

银行普遍采用传统的方法对冲客户的信用风险，比如，签订贷款合约应该遵守信用条款、抵押品、贷款集中度的限制。对于单一贷款者，同样一个地区和同一个行业都设有一定的贷款上限，以避免违约相关性太高，造成高度的信用风险。但这些传统方法仅能降低信用风险，无法对冲全部或绝大部分的信用风险。此外，经常会伤害银行与客户的关系，只有依赖信用衍生品才能达到对冲信用风险的目的，并能够保持与客户的良好关系。更重要的是，因为银行整体信用风险的下降，更能够贷放比以前更多的贷款，资本充足率也可以降低，因而提高了银行的资产收益率。不只是银行受益良多，其他金融机构、与金融相关的行业，甚至一般公司企业因为适当地采用了衍生品，也能够大幅降低信用风险，避免信用风险所带来的大亏损。所以，在本章我们将介绍如何采用信用衍生品对冲信用风险的一些实务案例，以增加读者了解信用衍生品在实务方面的应用。

一、转嫁信用风险：信用违约掉期

案例 20－1：

H 公司在 A 银行有一个 1 年期的可循环使用的信用账户（Revolving Credit line），最高限额为 5 亿元人民币，利率为 LPR＋30bps。目前，H 公司已经使用该信用账户的总额达到 4 亿元。但为了应对季节性的营运，H 公司必须再度需要融资 3 亿元。但这会超过该信用账户最高额度 2 亿元。按照规定，A 银行不得由信用账户再超额贷出 2 亿元给 H 公司。如何能使 A 银行贷给 H 公司额外的 2 亿元，且不会增加银行的信用风险，同时，银行与客户 H 公司还能维持更良好的关系呢？

方案：

在额外贷款2亿元给H公司的贷款合约中，同时包括一个信用违约掉期（CDS），将额外贷款2亿元的信用风险转嫁给另外一家银行，比如HF银行（HSBC）；由A银行按照（比如每3个月）支付信用溢酬给HF银行。在有效期1年内，若有信用事件发生，由HF银行支付给A银行所有的信用损失（2亿元）。如图20－1所示：

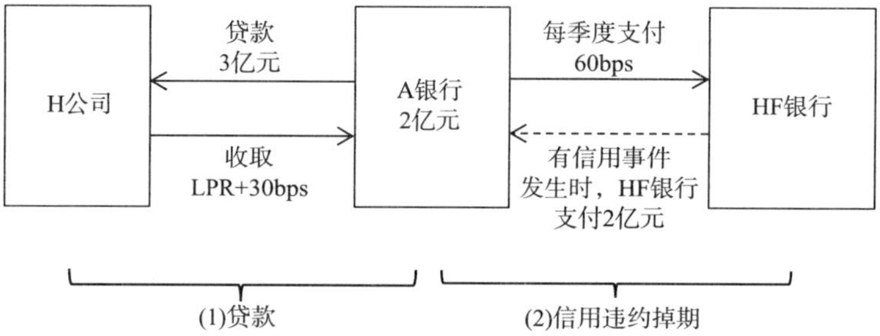

图20－1 信用违约掉期

注：承做CDS的费用由H公司支付，约为2亿元的0.06%～0.10%。有关于CDS的详细结构、经济概念和其他实务应用（如融资成本的套利），详见作者的书《信用风险管理》第六章，机械工业出版社出版。至于应用于信用违约掉期挂钩的产品，请参见第九章。

采用信用掉期的优点：

1. 不会因为贷款额度已满而拒绝银行的客户，因此能够与客户维持良好的关系。

2. 因为额外贷款的信用风险已转嫁给信用违约掉期的对手HF银行，A银行的信用风险不会增加，资本充足率也不会增加，而且因贷款额增加，提高了银行的资产收益率。

3. 贷款银行将贷款和信用违约掉期（CDS）包装在一起，可以增加此种结构式贷款的费用收入。

4. 采用CDS可以避免损害与客户的良好关系，否则若将贷款再度转让（或转卖）给另一家银行，将会损害银行与客户的关系。

二、对冲信用风险和市场风险

案例 20 –2：

BG 公司是 B 银行的长期客户。目前，BG 公司正计划并购一家国外的工厂，并预计对其进行整修，扩大生产规模。预计需要为期 4 年，资金为 2.5 亿美元，利率为 Libor + 120bps。但此借款额度已超过 B 银行已授予 BG 公司的额度。如何解决该项贷款问题？

方案：

B 银行可以采用信用衍生品来对冲额外的信用风险，以达到对 BG 公司的贷款。B 银行于是决定采用总收益掉期，以对冲该项贷款的信用风险和市场风险，因为该信用风险也会受到新工厂产能、销售和盈利的影响。总收益掉期的过程可由图 20 –2 表示：

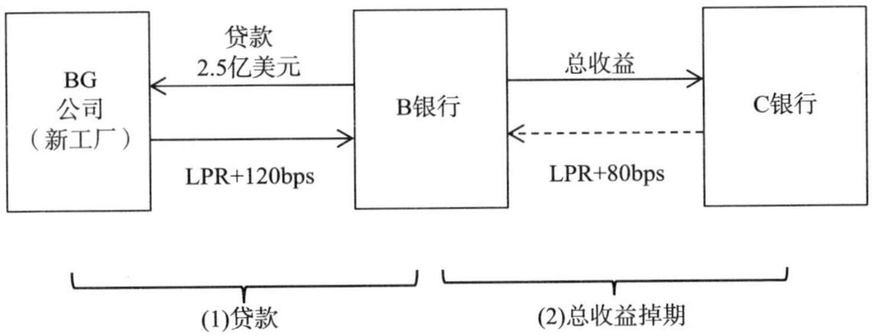

图 20 –2　总收益掉期的过程

B 银行按期支付 C 银行贷款的总收益，包括贷款给 BG 公司的利息收入，或贷款给 BG 公司利息和本金的可能违约损失（减项），以及 BG 公司新工厂收益率的降低额或亏损率（减项）。同时，B 银行从花旗银行收取了浮动利率 Libor + 80bps。

采用总收益掉期的优点：

1. B银行保持了与客户的良好关系。

2. 贷款的信用风险和市场风险（或经济风险）得以转嫁对冲掉。

3. 此项贷款不但不会增加资本充足率，也有可能降低充足率。

4. 若掉期的对手是对冲基金，则它能够得到无法进入银行贷款市场的收益。

5. 贷款银行可以增加此种结构式贷款的费用收入。

三、对冲主权债信用风险

当国内银行贷款给外国政府资金作为公共项目的大建设（港口、公路、铁路、机场等）、贸易贷款及相关的经济建设，其放贷的资金经常很庞大，且会超过贷款上限。即使不会超过上限，借款国家也可能因为经济落后、不景气或社会动荡产生主权信用风险。主权信用风险可以利用信用违约挂钩的结构式债券来对冲风险。详见作者的书《信用风险管理》第十章，机械工业出版社出版，在此不再重述。

采用信用挂钩结构式票券的优点：

1. 一般投资者无法进入主权债的交易，并获取收益。但投资者可透过此种结构式产品获得高收益。当然，投资者需要承担主权债的信用风险。

2. 银行可以超过上限贷款给主权国家，再以信用挂钩结构式产品转嫁主权债信用风险给全世界的金融市场。

四、对冲衍生品交易对手的信用风险

案例20-3：

某地方银行与B银行进行了一笔利率掉期，为期3年。掉期的交换程序见图20-3：

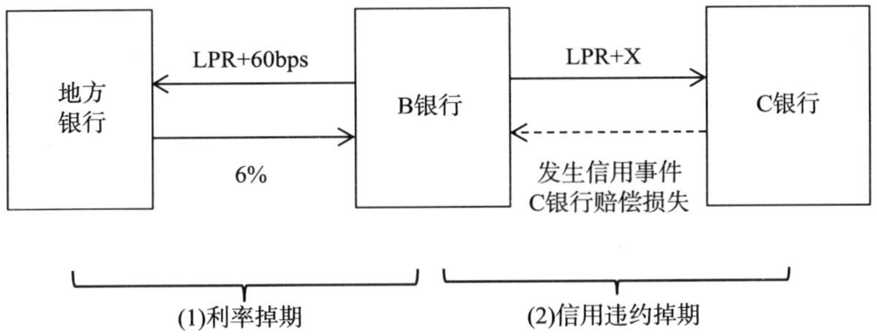

图 20－3　掉期的交换程序

地方银行每三个月支付 LPR＋60bps 的利率给 B 银行，并从 B 银行收取固定利率 6%。B 银行有鉴于地方银行是股份制，而且近年来其贷款的质量不如从前。B 银行忧虑地方银行有可能对利率掉期发生信用违约。为了规避或对冲地方银行的对手风险，我们有何解决方案呢？

方案：

B 银行可以采用信用违约掉期对冲地方银行在利率掉期方面可能发生的对手信用风险。比如，B 银行可寻找 C 银行承作信用违约掉期，按期支付信用溢酬（或保费）LPR＋X 给 C 银行。一旦在利率掉期方面，地方银行发生违约，一切信用损失由 C 银行负责赔偿，正如上图所示。①

此项方案的优点：

1. 虽然地方银行信用风险较高，B 银行仍可与地方银行进行利率掉期交易，收取费用收入，并且可以帮助地方银行采用利率掉期作为对冲利率风险或负债管理的工具。

2. B 银行与地方银行进行利率掉期也可以降低隐含在利率掉期内

① 注：关于信用利差 X 的决定，可参阅（作者的书《信用风险管理》第六章，机械工业出版社。

的市场风险，加上信用违约掉期两者的综合对冲风险，更能降低B银行的盈余波动率，使盈余更稳定，降低资本充足率，提高资本收益率。

3. 因为采用信用违约掉期，B银行可以降低对地方银行所要求的抵押品，甚至可以取消抵押品，因为对地方银行承做的利率掉期可与信用违约掉期一同打包在一起，这样可以降低管理抵押品的行政负担和所产生的费用。

五、对冲商业交易的信用风险：信用违约掉期和总收益掉期

在一般的商业交易中，经常会涉及销售合约、租赁合同、赊账或长期合约供应原料和商品等的交易，一定会有信用违约的可能性。此外，市场风险也可能带来信用风险，或使信用风险更加剧。在这种情况下，银行、公司或企业可采用总收益掉期对冲市场和信用风险。

案例20－4：对冲租赁的信用风险

甲公司向乙公司租赁一套机器设备，双方约定由甲公司每3个月支付乙公司30万元。甲公司租赁该生产设备所产生的收益可能受到未来经济不景气的影响。有鉴于此，乙公司决定寻求一家投资银行对做信用违约掉期。由乙公司按照支付保险费LPR＋100bps给投资银行。若未来甲公司发生信用事件而无法支付租金，且在租赁设备的剩余价值受到损失，由投资银行负责赔偿全部的损失。该信用违约掉期的流程见图20－4。

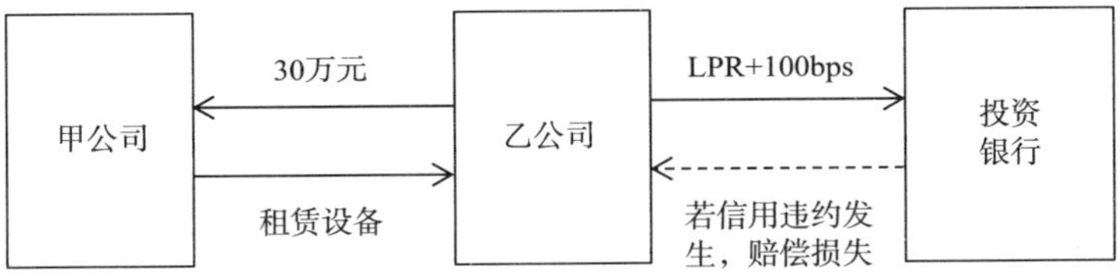

图 20－4　信用违约掉期的流程

案例 20－5：对冲制造业的市场风险

某制造业公司观察未来一年可能会受到经济景气与否的影响，为维持总收益，于是与 C 银行协议一个总收益掉期。该公司每 3 个月支付公司的总收益率给 Z 银行，并从 Z 银行收取 LPR＋40bps。如此，该公司可以将经济（或市场）风险转嫁给 Z 银行，而且该公司即使出现总收益下降，或者亏损，都可转嫁损失给 Z 银行，并收取浮动利率 LPR＋40bps 的收益。因此，该公司的经济风险得以对冲掉（见图 20－5）。

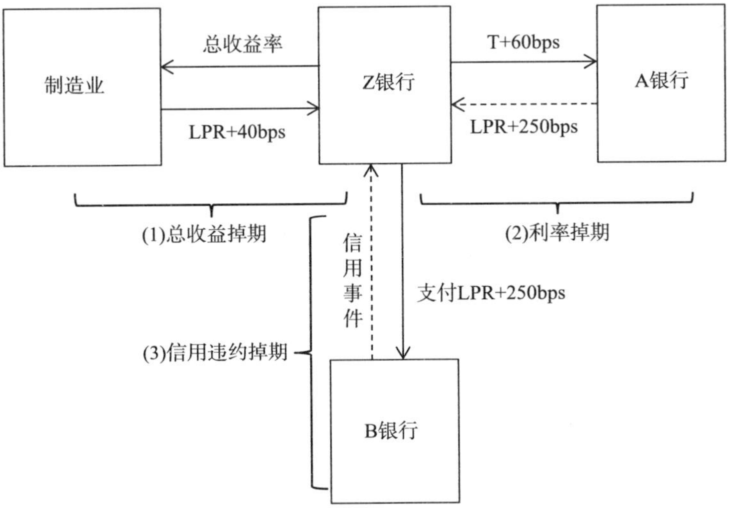

图 20－5　经济风险对冲过程

注：总收益率中可包括公司的收益率、固定资产折旧、利息收入等。T 代表 1 年期央债收益率。

Z银行承担了经济风险和企业的信用风险，Z银行可将它拆解为两个信用合约来对冲风险。一为利率掉期（对冲市场风险），二为信用违约掉期。利率掉期可与A银行协议对做，信用违约掉期与B银行对做，正如图20－5所示。

六、对冲流动性或信用评级调降的风险

债券、股票或其他有价证券因为流动性不足或信用评级被调降都会产生价格下降，使投资者遭受损失。这种风险可由采用总收益掉期来对冲，如图20－6所示。

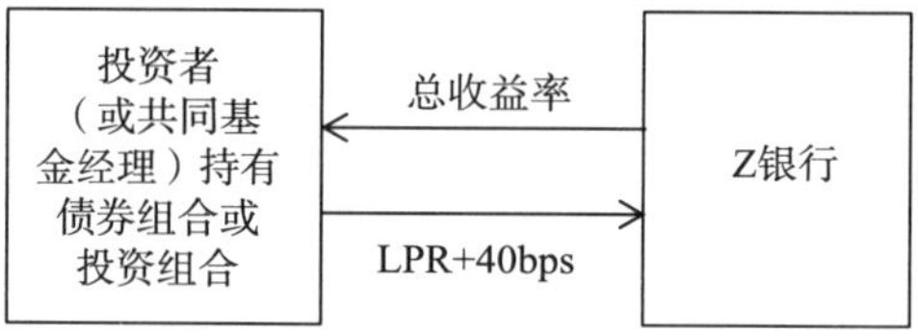

图20－6　总收益掉期对冲流动风险

投资者（或基金经理）按期将投资组合的每季收益率与Z银行交换，取得LPR＋40bps的收益。如此，债券经理就可以对冲掉因债券流动性不足或某些债券的信用评级被调降所产生的亏损。

注：

1. 总收益率包括债券的利息收入减掉债券价格下跌的损失。若债券的价值增加，则总收益率包括利息收入和增值率。若是股票组合，总收益率包括股息率和增值率（或减掉价格下跌的损失率）。

2. 预期信用利差扩大造成债券价格下跌的损失，也可以采用总收益掉期对冲风险。

七、对冲信用利差扩大的风险

若预期债券的信用利差（Credit Spread）会扩大，造成债券价格下跌的损失风险，可以采用总收益掉期对冲。这里我们举一个较复杂的案例。

案例 20－6：

国内某投资银行承包国内某家企业债券（BBB 评级）的承销，共计 40 亿元。其中，30 亿元的债券预期可以在发行日 3 天内以面额的价格全部销售；剩余 10 亿元的债券作为自营部的投资组合。在承销该债券的合约上，债券利率为 LPR＋80bps。距离发行日尚有两个月，投资银行忧虑在此期间该企业债券的信用利差扩大（或信用评级下降），如果是这样，投资银行会遭受债券承销价格下跌的亏损。为了预先防范，投资银行与 HF 银行协议一个总收益掉期，以对冲因信用利差扩大所带来的可能损失。由投资银行每 3 个月支付债券的总收益率给 HF 银行，并从 HF 银行收取 LPR＋60bps，如图 20－7 所示。

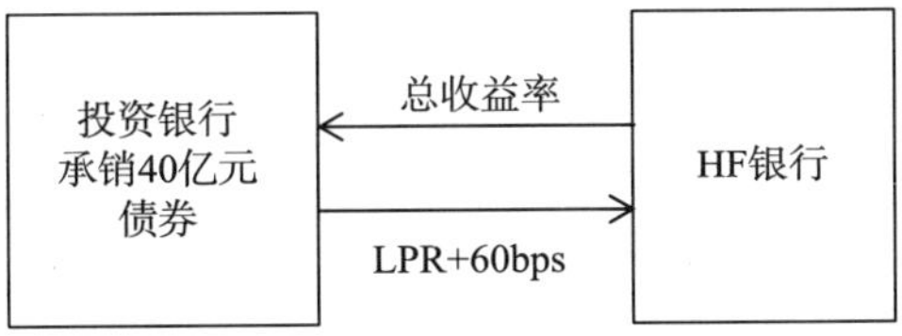

图 20－7　对冲信用利差扩大的风险

此外，总收益率可包括一定的利率（比如5%）减掉债券价值下跌的亏损率或加上债券价格的增值率。若总收益率为负值（比如－3%），HF 银行除了支付 LPR＋60bps 外，也必须支付亏损率（3%）给投资银行。

另外，还有一种对冲方法，就是采用信用利差期权。

投资银行可采用信用利差看涨期权来对冲信用利差扩大（或上涨）的风险。比如，在本例中，债券的信用利差是80bps。投资银行可购买合约规格40亿元的信用利差看涨期权，行权利差为80bps，为期两个月。若两个月到期时，BBB评级债券的市场信用利差上涨，高于行权利差，该利差看涨期权获利，可以抵消掉信用利率扩大所带来的价格亏损。信用利差看涨期权的到期收益为：

$$C_T = \max(S - 80bps, 0), S = \text{BBB 级的市场信用利差}$$

$$= \begin{cases} S - 80bps, & \text{若 } S > 80 \\ 0, & \text{若 } S \leqslant 80 \end{cases}$$

若在到期时，S＝100bps（上升20bps），投资银行可获利40亿元×（1%－0.80%）＝0.08亿元，可对冲掉因信用利差扩大所造成的价格亏损。至于信用利差看涨期权的定价，请参阅本书作者的书《信用风险管理》第17章。

八、增强贷款或债券的信用质量

银行贷款给信用质量较低的借款者，会使银行的信用风险上升，这时，可将贷款与信用违约掉期打包在一起，增强贷款的信用质量。同样的原理也可以应用于债券信用质量的提升。这里我们介绍一个提升信用质量的案例。

案例20－7：

国内某养老基金（或保守型的资产管理基金）对养老金投资的一些规定如下：

1. 投资标的证券的信用质量必须在A级以上。

2. 投资标的收益率必须达到5.5%或LPR＋15bps。

假设按照目前的市场情况，投资A级标的证券的收益率能够达到5.5%的为数较少。这时，基金经理可以购买A级以下的证券，且其收益率达到5.5%或以上，再与一家商业银行协议一个信用违约掉期（CDS），以对冲信用风险，且能够达到5.5%或以上的收益率。这样也可以提高投资组合的信用质量为A级，正如图20－8所示。

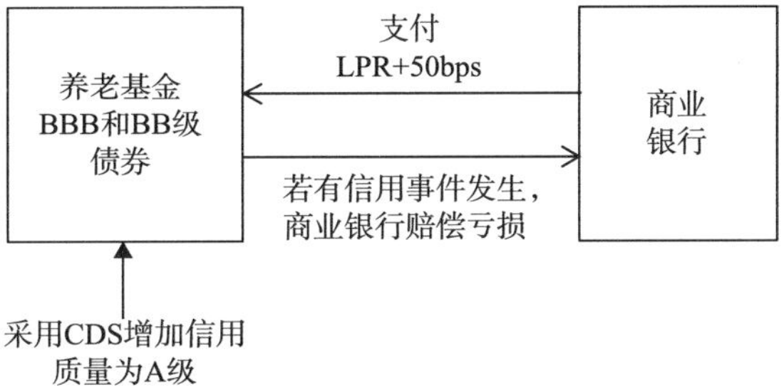

图20－8　提高投资组合的信用质量

注：为提升信用质量，违约事件可从严订立。比如，若有下列事件发生，都认定信用违约的发生。

1. 所持有的任一债券只要有一期未能按期支付利息，就认定为信用违约的发生。
2. 任何一只（或两只）债券受到信用降级，就认定为信用违约的发生。
3. 任一家债券的发行公司发生一季度的经营亏损，也认定为信用违约的发生。
4. 任一家债券发行公司无法按期支付其所发行过的任一只债券，即认定为信用违约的发生。

以上违约事件的从严认定，都能提升原来投资组合的信用质量。

在本章中，我们已经介绍如何利用总收益掉期和信用违约掉期来对冲信用风险的几个实务案例。比如，转嫁信用风险、对冲市场风险和信用风险、主权债信用风险、交易对手的信用风险、商业交易的信用风险、流动性或信用评级调降的风险、信用利差扩大的风险和提升信用质量等的信用风险对冲方法。根据这些实务案例，使用者可以延伸出更多的实务应用，这些方法和案例对银行、保险公司、共同基金、其他金融机构和企业在信用风险管理方面会有极大的帮助。